JN078985

今日と明日を
つなぐもの

SDGsと聖書のメッセージ

青山学院宗教主任会 **編著**

日本キリスト教団出版局

はじめに

　2021年に青山学院でグローバルウィークを始めたとき、礼拝はSDGsを学生に伝える中心的な場となりました。9月の最終週に行われるグローバルウィークでは、幼稚園、初等部、中等部、高等部、大学のすべての礼拝で、聖書からSDGsに関連するテーマを取り上げました。国連のSDGsは2015年から始まりましたが、私たちは昔からこれらのテーマについて、礼拝で説いてきたことを認識しました。もちろん、社会正義、平等、貧しい人々への配慮、平和など、聖書に直接書かれているテーマもあります。一方、SDG 9「産業と技術革新の基盤をつくろう」、SDG 12「つくる責任　つかう責任」のように、聖書で説明されている倫理的価値観を通して扱われるものもあります。

　本書は、生徒・学生たちに贈るメッセージ集です。重要なのは、SDGsや聖書に関する単なる事実を伝えるだけでなく、メッセージの意図するところを理解することです。これらのメッセージは教育的側面を示すだけではなく、自分自身の人生に適用できるインスピレーションを与えるものです。SDGsや聖書について知識として知るだけではなく、「地の塩」として生き、「世の光」として変化をもたらすことが大切なのです。

本書のメッセージは、こうした重要な真理を生徒・学生に伝えることを目的とするものです。

第Ⅱ部に収録された学生向けのメッセージが、この本の核となるものです。しかし、17のSDGsを概観し、それぞれと聖書のつながりについても説明した文章もあったほうが、読者のみなさまにとって便利ではないかと考えました。そこで、本書の第Ⅰ部では、SDGsの各項目が聖書にどのように反映されているかを概観しています。

メッセージにはそれぞれの宗教主任の個人的な体験が反映されています。そのため、それぞれのメッセージは、チャプレンから生徒への個人的な語りかけとしてお読みください。また、これらのメッセージは、小学生から大学生までの学生を対象とした礼拝で行われたものであることに留意してください。どの年代を対象としたメッセージであるかは、宗教主任の肩書きでわかります。

本書が、読者のみなさまにとって、SDGsと聖書からのメッセージを結びつけ、その教えをご自身の生活に活かすきっかけになれば幸いです。

青山学院副院長　シュー土戸ポール

※聖書の引用は原則として『聖書　聖書協会共同訳』（日本聖書協会）を用いました。

目　次

装丁　デザインコンビビア（飛鳥井羊右）

I
聖書で読みとくSDGs

シュー土戸ポール

2015年に国連で制定された「持続可能な開発目標」（Sustainable Development Goals）17項目は、人類にとって志の高い目標を示しています。表向きは2030年までに達成することになっていますが、目標の多くは、人類がすでに何千年も前から努力してきた目標です。SDGsを受け入れることは、より良い生活を求める人類の歴史的な希望に加わることなのです。

　実際、はるか昔に書かれたキリスト教の聖書にも、人類に対する同じ一般的な目標が記されています。もちろん、SDGsに明示されている現在のグローバルな問題が、必ずしも古代世界の問題とぴったり重なるわけではありませんが、聖書のメッセージの中に同じ価値観や願望を見出すことはできます。

　SDGsが現代の多くの人々にビジョンを提供するのと同じように、聖書のメッセージは常に人々にビジョンを提供してきました。私たちは、人間としての豊かな倫理的・宗教的遺産とつながり、今日私たちが共有している願いが、地理的にも歴史的にも普遍的なものであることを理解する必要があります。

　以下に、17のSDGsと聖書との関連性を簡潔にまとめました。それぞれの目標についての説明の後には、その目標に深く関連する聖書箇所を紹介してあります。ここに記したもの以外にも多くの関連聖句がありますので、ぜひ探してみていただきたいと思います。

SDG 1　貧困をなくそう

　この目標は、貧困問題が持続可能な開発にとって大きな障

害であることを認識し、あらゆる形態の貧困を根絶すること
を目指すものです。聖書は、貧しい人々への配慮と、貧困を
もたらす根本原因に取り組むことの重要性を強調しています。
私たちは、思いやり、寛大さ、公平さを育むことを通して、貧
困を撲滅し、より公正で公平な世界を作るための世界的な努
力に参加するよう促されているのです。

　聖書では、貧しい人々への配慮は、神の人格と神の民へ
の戒めに深く根ざしています。箴言19章17節には「弱い人を
憐れむのは主に貸しを作ること」と書かれています。困って
いる人を助けることは、神への奉仕の一形態です。神を愛し、
神に従うことは、貧しい人を助けることと直結しているので
す。

　申命記15章7〜8節は、神の民に、貧しい人に対して手を広
げ、寛大であることを教えています。「あなたの神、主があ
なたに与えられた地のどこかの町で、あなたの兄弟の一人が
貧しいなら、あなたは、その貧しい兄弟に対して心を閉ざし、
手をこまぬいていてはならない。彼に向かって手を大きく広
げ、必要なものを十分に貸し与えなさい」。この命令は、貧困
と戦う努力の根底にあるべき、思いやりと寛容さの基本原則
を反映しています。

　聖書はまた、不当な労働慣行、社会的不公正、資源の不平
等な分配など、貧困の体系的な原因に対処するための指針を
示しています。聖書の教えは、資源と機会が公平に配分され、
誰もが尊厳と充実感のある生活を送ることができるような社
会を作る必要性を強調しています。

関連するテーマと聖書箇所

貧しい人、困っている人への配慮（箴言19:17、申命記15:7
〜8）

寛大さと分かち合う大切さ（Ⅱコリント9:6〜7、使徒20:35、
マタイ7:12）

経済的正義（レビ記25:35、箴言22:22〜23）

SDG 2　飢餓をゼロに

　この目標は、飢餓をなくし、食料の安全の保障を実現し、
人々の栄養状態を改善し、持続可能な農業を促進することを
目的としています。聖書の教えはこの目標と密接に関連して
おり、飢えた人々に食べ物を分け与え、寛大さを養い、誰も
が栄養を得られるようにすることの重要性を強調しています。
これらの聖書の原則に従うことで、誰もが飢餓撲滅への努力
に参加し、すべての人が十分な栄養を摂取できる世界を実現
するための世界的な取り組みに積極的に貢献することができ
ます。

　聖書は、飢餓の問題や、困っている人に食べ物を与える私
たちの責任について、頻繁に取り上げています。イザヤ書58
章7節では、飢えた人に食べ物を分け与えることを勧めてい
ます。「飢えた人にパンを分け与え　家がなく苦しむ人々を家
に招くこと　裸の人を見れば服を着せ　自分の肉親を助ける
ことではないのか」。これは、困っている人を積極的に探し出
し資源を共有することの重要性を強調しており、飢餓をゼロ
にするという目標を直接的に支持しています。

箴言22章9節は、飢えた人々に食料を提供する際の寛大さの美徳を示しています。「善意に溢れるまなざしの人は祝福される。自分のパンを弱い人に与えるから」。この聖句は、貧しい人に食べ物を分け与える行為を神の祝福と結びつけ、すべての人が食べ物を手に入れられるようにすることが道徳的義務であることを示しています。さらに、聖書には、何千人もの飢えた人々を奇跡的に養ったという記述がいくつかあります（マタイによる福音書14章13〜21節、15章32〜39節ほか）。これらの話は、イエスによる飢えた人々への配慮と、神の備えを力強く私たちに示すものであり、飢餓に対処するための資源を共有することの重要性を示すものでもあるのです。

関連するテーマと聖書箇所

食料不足の人を養う（マタイ25:35、イザヤ書58:6〜12）

寛大さの重要性（箴言22:9、レビ記19:9〜10、Ⅱコリント8:13〜15）

困っている人に対する神の備えと配慮（詩編146:7、マタイ6:25〜26）

SDG 3　すべての人に健康と福祉を

この目標で「福祉」と訳されている言葉（well-being）は、「幸福」とも訳せます。すべての年齢層の人々の健康な生活を確保し、幸福を促進することを目指すものです。聖書は、癒やしや慈しみ、身体的・精神的な健康への配慮の重要性を説いており、この目標に合致しています。これらの聖書の原則に

従うことで、私たちは健康な生活を確保し、すべての人の幸福を促進するための世界的な取り組みに貢献することができます。

聖書には、病人を癒やし、ケアすることの大切さを強調した物語や教えが数多く登場します。イエス自身も多くの人を癒やしただけでなく、弟子たちにも病人を癒やすように指示しました（マタイによる福音書10章8節）。この命令は、困っている人々にケアと癒やしを提供することの重要性を強調しており、「健康と幸福」の目標の原則と重なり合っています。

聖書はまた、癒やしのプロセスにおける祈りと信仰の重要性を強調しています。ヤコブの手紙5章14〜15節では、信仰と神の癒やしの力への信頼の象徴として、病人のために祈り、油を塗るよう勧められています。この箇所は、健康と幸福を促進するためには、身体的ケアと霊的サポートの両方が重要であることを示しています。信仰による奇跡的な癒やしを信じるクリスチャンもいますが、今日のクリスチャンの多くは、神が現代医学を通して人々を癒やすために働かれると理解しています。

癒やしに加えて、聖書は、身体的、感情的、霊的な健康が相互に関連していることを強調し、幸福への全人的なアプローチを推進しています。ヨハネの手紙三2節は、全体的な健康の重要性を強調しています。「愛する者よ、あなたの魂が幸いであるように、あなたがすべての面で幸いであり、また健康であるようにと、私は祈っています」。この聖句は、肉体的な健康だけでなく、精神的、霊的な健康も育むことの重要性を強調しています。

癒やし手、健康を回復する神（出エジプト記15:26、エレミ
　　ヤ書30:17）

病人を癒やす（マタイ10:8、ヤコブ5:14〜15）

全人的な健康と幸福（Ⅲヨハネ2節、Ⅰコリント6:19〜20、
　　箴言17:22、Ⅱテモテ1:7、マタイ11:28〜30）

他人の幸福と健康を思いやる（ガラテヤ6:2、ローマ12:13）

SDG 4　質の高い教育をみんなに

　この目標は、包括的で公平な質の高い教育を確保し、すべ
ての人に生涯学習の機会を提供することを目的としています。
聖書の教えは、充実した人生の不可欠な要素として、知恵、
知識、理解を追求することの重要性を強調しており、この目
標に合致しています。この聖書の教えに従うことで、私たち
は、すべての人に包括的で公平な教育の機会を提供し、生涯
学習と個人の成長を促進するための世界的な取り組みに貢献
することができます。

　聖書は一貫して、知恵と知識の価値を讃え、それらを神か
らの贈り物とみなしています。箴言1章7節は、学習における
知恵の基本的な役割を強調しています。「主を畏れることは知
識の初め。無知な者は知恵も諭しも侮る」。この聖句は、神を
知恵と理解の究極の源として認識することの重要性を強調し、
謙虚さに基づいた強固な教育基盤を形成しています。

　聖書は、古来より知恵の追求を賞賛してきました。箴言4

章5〜7節には、「知恵を得よ、分別を得よ。私の口が語ること
を忘れることなく　そこからそれるな。知恵を捨てるな、そ
れはあなたを守る。分別を愛せ、それはあなたを見守る。知
恵の初めとして知恵を得よ。あなたが得たすべてを尽くして
分別を得よ」と記されています。この一節は、知恵と理解に
よって導きと守りが得られることを強調し、成功した正しい
人生を送るために教育が重要であることを示しています。

　また、聖書は、人に教え指導することの重要性を説いてい
ます。例えば、申命記6章6〜7節では、親は神の戒めについて
子どもに教えるように指示されており、家庭内で教育を提供
する責任を強調しています。ここでは、生涯にわたる学習と
精神的成長への取り組みが培われます。公平性に関する聖句
も、すべての人が教育を受けられるようにすることの重要性
を理解する上で重要です。キリスト教の宣教師は、少女たち
や貧しい人々、恵まれない地域の人々の教育へのアクセスを
拡大するために、世界中で重要な役割を果たしました。

関連するテーマと聖書箇所

知恵と知識の追求（箴言1:1〜33、4:5〜7、22:6）

真理を求め、大切にする（ヨハネ8:32、箴言23:23）

SDG 5　ジェンダー平等を実現しよう

　この目標は、ジェンダー平等を達成し、すべての女性と
少女たちに力を与えることを目指すものです。聖書の教えは、
すべての人の本質的な価値を認め、性別に関係なくすべての

人に平等な機会と待遇を与える重要性を示しており、全体としてこの目標を支持しています。聖書の中には、書かれた時代の文化的規範や性別分業を反映している箇所もありますが、聖書の包括的なメッセージは、性別に関係なく、すべての個人の固有の価値と尊厳を促進します。キリストにおける平等と一致という聖書の原則を受け入れることで、私たちはジェンダー平等を達成し、すべての女性と少女たちの力を高めるための世界的な努力に貢献することができます。

創世記1章27節にはこう書かれています。「神は人を自分のかたちに創造された。神のかたちにこれを創造し　男と女に創造された」。この聖句は、人がみな神のかたちに創造され、同等の価値、尊厳、目的を与えられていることを主張しています。

新約聖書は、キリストにおけるジェンダー平等の原則をさらに強固なものにしています。ガラテヤの信徒への手紙3章28節で、使徒パウロはこう宣言しています。「ユダヤ人もギリシア人もありません。奴隷も自由人もありません。男と女もありません。あなたがたは皆、キリスト・イエスにあって一つだからです」。これは、性別、社会的地位、民族に関係なく、すべての人が基本的に一体であり平等であることを強調しています。

聖書には、デボラ、ルツ、エステル、マグダラのマリアなど、神の民の物語に重要な役割を果たした女性が数多く登場します。これらの女性は、聖書が女性のエンパワーメントと、精神的リーダーシップ、社会正義、コミュニティ構築を含む人生のさまざまな領域への積極的な参加を支持していること

を示しています。

関連するテーマと聖書箇所

人間の平等（ガラテヤ3:28、創世記1:27）

どんな人もリーダーとして力を与えられる（使徒2:17～18）

※聖書に登場する女性のリーダーとして、以下の人物が挙げられます。デボラ（士師記4～5章）、エステル（エステル記）、ミリアム（出エジプト記15章ほか）、ルツ（ルツ記）、プリスキラ（使徒18章）、リディア（使徒16章）。

SDG 6　安全な水とトイレを世界中に

　この目標は、すべての人が安全な水と衛生設備を利用でき、持続的に管理できるようにすることを目的としています。聖書は、私たちの世界が今日直面している衛生問題を直接取り上げてはいませんが、資源の管理、環境への配慮、他者の幸福への関心に関する聖書の教えは、この目標を支持するものとみなすことができます。これらの聖書の原則に従うことで、私たちは、すべての人が安全な水と衛生設備を利用でき、持続的に管理できるようにするための世界的な取り組みに積極的に参加することができます。

　聖書では、資源の管理は創造物への配慮と密接に関連する重要な原則です。創世記2章15節は、地球を大切にする人間の責任を強調しています。「神である主は、エデンの園に人を連れて来て、そこに住まわせた。そこを耕し、守るためであっ

た」。この節は、環境の管理者としての人間の役割を強調しており、これには水資源と衛生の責任ある管理も含まれます。

申命記20章19〜20節は、戦時中であっても天然資源を責任を持って利用するための指針を示し、実のなる木を伐採することを禁じています。この箇所は、たとえ困難な状況であっても資源を保護することの重要性を示しており、持続可能性と将来の世代の幸福への配慮が反映されています。

安全な水と衛生設備は、地域社会の健康と幸福を維持するために不可欠であり、他者を思いやるという聖書の教えと一致します。清潔な水と衛生設備を提供する取り組みを支援することで、私たちは隣人全体の幸福に貢献し、より公正で公平な世界の創造に貢献することができます。

関連するテーマと聖書箇所

資源の管理（創世記2:15、申命記20:19〜20）

生命、栄養、浄化の象徴としての水（イザヤ書41:17〜18、詩編107:35〜36、ヨハネ4:13〜15、黙示録22:1〜2）

天地創造、大洪水、バプテスマにおける強力なシンボルとしての水（創世記1〜2章、6〜9章、マルコ1:9〜11）

SDG 7 エネルギーをみんなに そしてクリーンに

この目標は、すべての人が手頃な価格で信頼できる持続可能で近代的なエネルギーにアクセスできるようにすることを目指すものです。聖書は、今日理解されているクリーンエネルギーの概念に直接言及していませんが、資源を慎重に使用

にする重要性、地球へのスチュワードシップ（[神から委ねられたものについて]適切な管理と運営の責任を負うこと）、将来の世代への配慮に関する教えは、この目標を支持するものと解釈することができます。これらの原則を守ることで、私たちは、すべての人に安価で信頼できる持続可能な近代的エネルギーへのアクセスを提供するための世界的な取り組みに貢献することができます。

　聖書は、資源の慎重で賢明な管理を奨励していますが、これはエネルギーの責任ある使用にも当てはまります。箴言21章20節には、「知恵ある人の住まいには望ましい宝と香油。愚かな人間はそれを呑み尽くす」とあります。この聖句は、知恵のある生き方には慎重な計画と資源の節約が必要であることを教えており、これをエネルギーの責任ある生産と消費に当てはめることができます。

　スチュワードシップは、聖書の重要な原則です。前述したように、聖書は地球の管理者としての人類の役割を強調しています（創世記2章15節）。この責任には、環境を汚染や害から守ることも含まれます。この責任は、クリーンで持続可能なエネルギー源を推進することで果たすことができます。

　さらに、聖書は、将来の世代とその幸福への配慮を奨励しています。箴言13章22節には、「善良な人は孫の代にまで相続地を残し」と記されています。また、イエスは利他的に生きることを勧める「黄金律」（マタイによる福音書7章12節、ルカによる福音書6章31節）を説きました。「人にしてもらいたいと思うことは何でも、あなたがたも人にしなさい」。今日の私たちのエネルギー選択は、世界の他の人々、特に将来の世代に

影響を与えます。安価でクリーンなエネルギーを支持することで、私たちは次の世代のために、より健康的で持続可能な未来を確保することができるのです。

関連するテーマと聖書箇所

スチュワードシップ（箴言21:20、ルカ12:42〜43、16:1〜12）

神の創造を大切にする（創世記2:15、1:28、詩編24:1）

SDG 8　働きがいも　経済成長も

この目標は、持続的、包括的、かつ持続可能な経済成長、生産的な雇用の促進、およびすべての人に尊厳を保つことのできる適切な仕事（ディーセント・ワーク）を提供することを目的としています。聖書の教えは、公正な労働慣行の促進、労働の尊厳、他者の必要に配慮する責任を強調しており、この目標を支持しています。これらの聖書の原則に従うことで、私たちは、持続的、包括的、かつ持続可能な経済成長、完全かつ生産的な雇用の促進、そしてディーセント・ワークを提供するためのグローバルな取り組みに貢献することができます。

聖書は、労働者を公平に扱い、その権利を尊重することの重要性を強調しています。レビ記19章13節には、「隣人を虐げてはならない。奪い取ってはならない。雇い人への賃金を翌朝までとどめていてはならない」とあります。この戒律は、労働者に迅速かつ公平に賃金を支払うことの重要性を強調しており、これはディーセント・ワークと持続可能な経済成長

にとって不可欠なものです。

　コロサイの信徒への手紙3章23〜24節では、聖書は、仕事の内容や立場に関係なく、仕事の価値と尊厳を強調しています。「何をするにも、人に対してではなく、主に対してするように、心から行いなさい。あなたがたは、相続にあずかるという報いを主から受けることを知っています。主キリストに仕えなさい」。この箇所は、私たちの努力がより大きな利益に貢献することを認識し、献身的に、かつ目的を持って仕事に取り組むことを勧めています。

　聖書はまた、他の人々、特に貧しい人々や弱い人々の必要を気遣うという考えを奨励しています。箴言31章8〜9節は、正義と公正を擁護するよう私たちに指示しています。「あなたの口を、ものを言えない人のために　捨てられた人の訴えのために開きなさい。あなたの口を開いて　苦しむ人と貧しい人の訴えを正しく裁きなさい」。公平で公正な経済システムの構築に取り組むことで、すべての人のためのディーセント・ワークと経済成長の実現に貢献することができるのです。

関連するテーマと聖書箇所

仕事と労働の価値（コロサイ3:23〜24、エフェソ2:10）

公正な労働慣行（レビ記19:13、コロサイ4:1、ヤコブ5:4）

経済的公正（申命記15:7〜8、アモス書8:4〜6、箴言11:1）

SDG 9　産業と技術革新の基盤をつくろう

この目標は、レジリエントな（困難や危機に素早く対応し、

またダメージから迅速に回復できる）インフラの構築、包括的で持続可能な産業化の促進、イノベーションの促進を目的としています。聖書は、産業、革新、インフラといった現代の概念に直接触れてはいませんが、人間の創造性、機知、資源の管理に関する教えは、この目標をサポートしています。これらの聖書の原則を受け入れることで、私たちは、レジリエントなインフラの構築、包括的で持続可能な産業の促進、そして社会をより良くするためのイノベーションの育成というグローバルな取り組みに貢献することができます。

　聖書は、人間の創造性と創意工夫を神からの贈り物と認めています。出エジプト記31章1〜6節では、主がベツァルエルを任命し、神の霊で満たし、幕屋を建てるための知恵、理解、知識、さまざまな工芸品の技術を授けたことが記されています。この箇所は、聖書が重要なインフラの建設や社会の進歩に貢献する技術や専門知識を身につけることを大切にしていることを示しています。

　聖書では、臨機応変な対応と資源の賢明な管理が奨励されています。マタイによる福音書25章14〜30節にある「タラントンのたとえ」は、成長と繁栄を生み出すために資源を賢く使い、投資することの重要性を強調しています。このメッセージは、産業、技術革新、インフラの責任ある開発と使用に適用されます。

　前述したように、スチュワードシップの原則は、聖書の重要なテーマです。この責任には、環境への害を最小限に抑え、すべての人々の幸福を促進する、資源の持続可能な管理とインフラ整備が含まれます。

熟練した職人技と革新性（出エジプト記35:30〜35、箴言
　22:29）

計画と建設の重要性（箴言24:3〜4、ルカ14:28〜30）

協力と地域開発（ネヘミヤ記、コヘレトの言葉4:9〜10）

SDG 10　人や国の不平等をなくそう

　この目標は、すべての人に力を与え、社会的、経済的、政治的包摂を促進することによって、国内および国家間の不平等を減らすことを目的としています。聖書の教えは、正義、思いやり、そして背景や状況にかかわらず、すべての個人の本質的な価値を強調することで、この目標を支えています。これらの聖書の原則に従うことで、私たちは、国内および国家間の不平等を減らし、すべての人々の社会的、経済的、政治的包摂を促進するグローバルな取り組みに貢献することができます。

　すべての人々に対する正義と公正な扱いは、聖書の重要なテーマです。ミカ書6章8節には、「人よ、何が善であるのか。そして、主は何をあなたに求めておられるか。それは公正を行い、慈しみを愛し　へりくだって、あなたの神と共に歩むことである」とあります。正義、慈悲、謙虚さは、人々の間の不平等を解決し、軽減するために不可欠です。

　新約聖書の中で、イエスは、貧しい人、病人、社会から取り残された人など、疎外されたグループに手を差し伸べ、思

いやりと包容力の模範を示しています。ルカによる福音書14章13〜14節で、イエスは、困っている人に寛大さを示し彼らをもてなすよう、弟子たちに指示しています。「宴会を催すときには、貧しい人、体の不自由な人、足の不自由な人、目の見えない人を招きなさい。そうすれば、彼らはお返しができないから、あなたは幸いな者となる。正しい人たちが復活するとき、あなたは報われるだろう」。排除され疎外されがちな人々を招き入れてケアすることを勧めることで、聖書は不平等を減らすことを支持しています。

さらに聖書は、創世記1章27節に表現されているように、すべての人が神のかたちに創造されたことを教えています。「神は人を自分のかたちに創造された。神のかたちにこれを創造し　男と女に創造された」。この基本的な理念は、社会的、経済的、民族的、政治的地位にかかわらず、すべての個人の本質的な価値と尊厳を確認するものです。すべての人の固有の価値を認識することで、私たちは不平等を減らし、すべての人の幸福を促進するために努力することが奨励されています。

関連するテーマと聖書箇所

平等と公平（レビ記19:15、ヤコブ2:1〜4）

社会正義と擁護（ミカ書6:8、箴言31:8〜9、イザヤ書1:12〜17）

公正、正義、公平の重要性（ガラテヤ3:28、ローマ2:11）

SDG 11　住み続けられるまちづくりを

　この目標は、都市と人間の居住地を包括的、安全かつレジリエントで持続可能なものにすることを目的としています。聖書は、持続可能な都市やコミュニティという現代の概念に特に言及していませんが、環境への配慮、隣人への愛、平和の追求に関する教えはこの目標を支持しています。これらの原則に従うことで、私たちは、包括的で安全、かつレジリエントで持続可能な都市を作るための世界的な努力に貢献することができます。

　聖書は、持続可能な社会を作るために不可欠な環境への配慮とスチュワードシップを強調しています。また、聖書は隣人を愛することの重要性を説いており、これは包括的で調和のとれた地域社会の発展に寄与するものです。マタイによる福音書22章39節で、イエスは「第二（の戒め）も、これと同じように重要である。『隣人を自分のように愛しなさい』」と教えています。これは、地域社会における他者の幸福に配慮することを奨励し、一体感や社会的結束を育むものです。

　さらに聖書は、平和の追求と公正な社会の確立を推進しています。詩編34編14節では、「悪を離れて善をおこない、やわらぎを求めて、これを努めよ」（口語訳）とアドバイスしています。聖書では、平和と正義を擁護することで、人々が繁栄できる安全で回復力のあるコミュニティの開発を支持しているのです。

関連するテーマと聖書箇所

平和で公正な共同体（ローマ12:18、詩編133:1、イザヤ書58章）

持続可能のための管理責任（創世記2:15、ルカ16:10）

都市や地域社会の幸福への配慮（エレミヤ書29:7、箴言
11:10）

SDG 12　つくる責任　つかう責任

　この目標は、持続可能な消費と生産形態を確保し、資源を
効率的に使用し、廃棄物を最小限に抑えることを目指すもの
です。聖書は、責任ある消費と生産という現代の概念に直接
触れてはいませんが、節度、満足、そして神の創造物の管理
に関する教えは、この目標を支持しています。これらの聖書
の価値観を受け入れることで、私たちは持続可能な消費と生
産パターンを確保するための世界的な取り組みに貢献し、最
終的に人々と環境の両方に利益をもたらすことができます。

　聖書は、生活のあらゆる場面で節度を守り、過剰を避ける
ことを勧めていますが、これは消費と生産にも当てはめるこ
とができます。箴言25章16節には、「蜜を見つけたらほどよく
食べよ　食べ過ぎて吐き出すことがないように」とあります。
これは、消費において自制心と抑制を実践することの重要性
を示しており、より持続可能な資源利用と廃棄物の削減につ
ながります。

　また、「満足」も聖書の重要な原則で、常に多くを求める
のではなく、今あるものに満足することの重要性を強調して
います。フィリピの信徒への手紙4章11〜12節で、使徒パウロ

はこう書いています。「私は、自分の置かれた境遇に満足することを学びました。貧しく暮らすすべも、豊かに暮らすすべも知っています。満腹することにも、飢えることにも、有り余ることにも、乏しいことにも、ありとあらゆる境遇に対処する秘訣を心得ています」。満足感を養うことで、過剰な物質的豊かさを求めるのではなく、責任ある消費と生産を大切にする考え方が育まれます。

さらにイエスは、自分の人生に真に喜びや幸せをもたらすものは何かを考えるよう、人々に呼びかけました。ルカによる福音書12章22〜34節で、イエスは、豊かな財産を信頼するのではなく、神の備えを信頼し、心配から解放され、惜しみなく与えることができるようになるべきだと教えました。イエスは、物質的な所有物に幸福や安心を見出そうとするのではなく、貧しい人々に施し、天に宝を蓄えるよう私たちに勧めています。

前述したスチュワードシップの原則は、責任ある消費と生産にも関連しています。聖書は、人間が神の創造物の世話と管理を任されていることを教えています。スチュワードシップを実践することで、廃棄物や汚染を最小限に抑え、資源が持続可能かつ効率的に使用されるようにする努力を支援することができます。

関連するテーマと聖書箇所

神の創造の管理（創世記1:28、詩編24:1、レビ記25:3〜4）

節制（フィリピ4:11〜12、箴言25:16）

満足と真の富（Ⅰテモテ6:6〜8、17〜19、ルカ12:22〜34、ヘ

ブライ 13:5）

SDG 13　気候変動に具体的な対策を

　この目標は、気候変動とその影響と戦うために緊急に行動を起こすことを目的としています。聖書は気候変動という現代の問題に直接触れてはいませんが、創造物への配慮、生命の相互関連性、環境をめぐる正義についての預言的呼びかけに関する聖書の言葉は、この目標を強く支持しています。これらの原則を受け入れることで、私たちは気候変動とその影響と戦うための世界的な取り組みに貢献し、すべての人にとってより健康で持続可能な未来を確保することができます。

　聖書は、神の創造物を大切にすることの重要性を強調しています。詩編24編1節は、地球とすべての生き物が神のものであることを思い出させてくれます。「地とそこに満ちるもの世界とそこに住むものは主のもの」。自然環境は神の神聖な創造物であり、人間ではなく神のものです。人は環境を保護し保全するスチュワードとしての責任を負っており、これには気候変動とその影響に対処するための行動をとることも含まれます。

　生命の相互関連性は、聖書に見られるもう一つのテーマであり、気候変動対策に関連するものです。コリントの信徒への手紙一12章26節で、使徒パウロはこう書いています。「一つの部分が苦しめば、すべての部分が共に苦しみ、一つの部分が尊ばれれば、すべての部分が共に喜ぶのです」。この箇所は、この世界とそこに住むすべての人々が相互に関連して

いることを強調し、気候変動の結果が、あるグループや地域だけでなく、地球社会全体に影響することを強調しています。この相互関係を認識することで、私たちは気候変動と戦うために集団的な行動をとることが奨励されるのです。

さらに聖書には、環境正義を求める預言的な呼びかけがあり、人々が自らの行動の結果に向き合い、土地の回復を求めるよう促しています。イザヤ書24章4〜6節では、人間の不従順がもたらす環境破壊を預言者が警告しています。「地は乾き、しぼみ　世界はしおれ、しぼむ。天も地と共にしおれる。地はそこに住む者たちの下で汚された。彼らが律法に背き、掟から逸脱し　永遠の契約を破ったからだ。それゆえ、呪いが地を食い尽くし　そこに住む者たちは罪の負い目を受ける」。この箇所は、人間の行動が環境に及ぼす影響と、気候変動に対処するための悔い改めと行動の変革の必要性を思い起こさせるものです。

関連するテーマと聖書箇所

地球の管理責任（創世記2:15、詩編8:6〜9）

神の創造物を尊重する（創世記1:31、詩編24:1）

汚染してはならない（民数記35:33〜34、エレミヤ書2:7）

SDG 14　海の豊かさを守ろう

この目標は、持続可能な開発のために、海、海洋、および海洋資源を保全し、持続的に利用することを目的としています。聖書は海洋保護という現代の問題には触れていませんが、

スチュワードシップ、被造物の尊重、水面下の生命の重要性についての教えはこの目標を支えています。これらの聖書の原則を守ることで、私たちは、海、海洋、海洋資源を保全し、持続可能な発展のために利用し、未来の世代のために海洋生態系を保護する世界的な取り組みに貢献することができます。

　上記で繰り返し述べたように、聖書はスチュワードシップの重要性を強調しています。これは、土地だけでなく、水やその中の生命など、被造物のあらゆる側面を大切にすることを含みます。創世記1章26節で、神は人類に地球とその生き物の支配を委ねました。「神は言われた。『我々のかたちに、我々の姿に人を造ろう。そして、海の魚、空の鳥、家畜、地のあらゆるもの、地を這うあらゆるものを治めさせよう』」。これは、海洋生物と生態系を含むすべての生命を大切にし、保護する人間の責任を強調しています。

　また、聖書には、水面下の生物も含めた被造物に対する畏怖と尊敬の念が表現されています。詩編104編25節には、「海も大きく広々としている。その中のうごめくもの　大小の生き物は数知れない」と書かれています。この一節は、海洋生物の多様性と豊かさを認めるものであり、海とそこに生きる生き物への驚きと畏敬の念を示すものです。水中の生物の美しさと複雑さを理解することで、私たちはこれらの生態系を保護し、保全するための行動を起こすことの重要性をも理解できるのです。

関連するテーマと聖書箇所

海洋生物の尊厳（創世記1:20〜22、詩編104:24〜25、ヨブ記

12:7〜10）

SDG 15　陸の豊かさも守ろう

　この目標は、陸上生態系の保護、回復、持続可能な利用の促進、森林の持続可能な管理、砂漠化との戦い、土地の劣化の阻止と回復、生物多様性の損失の阻止を目的としています。スチュワードシップ、被造物への配慮、生物多様性の価値に関する聖書の教えがこの目標を支えています。これらの聖書の原則を受け入れることで、私たちは陸上生態系の保護、回復、持続可能な利用の促進という世界的な取り組みに貢献し、自然界の健全性と活力を何世代にもわたって確保することができます。

　スチュワードシップというテーマも重要で、陸上生態系の保全、森林の責任ある管理、砂漠化や土地の劣化との戦いなど、人間には地球を守る義務があることを意味しています。民数記35章33〜34節は、土地を守ることの重要性を強調しています。「あなたがたは自分の土地を汚してはならない。血は土地を汚し、土地の上に流された血は、それを流した者の血によらなければ贖いをすることができないからである。あなたがたがそこに住む地、私がその中に宿る地を汚してはならない。主である私が、イスラエルの人々の中に宿っているからである」。この一節は、土地の神聖さと純潔を保つことの意義を強調しています。

　創造物への配慮は、聖書に繰り返し登場するテーマであり、すべての生き物とその生息地を尊重し、保護することを

奨励しています。ヨブ記12章7〜10節では、自然から学び、創造における神の知恵と力を認めることが勧められています。「しかし、獣に尋ねてみよ。それはあなたに教えるだろう。空の鳥もあなたに告げるだろう。あるいは、地に語りかけよ。それはあなたに教えるだろう。海の魚もあなたに語るだろう。これらすべてを主の手が造られたのだと　知らない者があろうか。すべての生き物の命　すべての肉なる者の息は御手の内にある」。自然界の価値を認識することで、陸上の生態系を保全・回復するための行動を起こすことが奨励されています。

　聖書はまた、生物多様性と生命の相互関係の重要性も認めています。創世記1章には、神がさまざまな生命体を創造し、それぞれが大きな生態系の中で特定の目的と役割を担っていることが記されています。このことは、生物多様性を保全し、陸上生態系のバランスを保つことの重要性を示しています。

関連するテーマと聖書箇所

陸上生物の尊厳（創世記1:24〜25、9:9〜10、詩編 50:10〜11、
　　ヨブ記 12:7〜10）

※神が創造されたこの地球に対する管理責任については、SDG 6、7、11、12、13も参照。

SDG 16　平和と公正をすべての人に

　この目標で「公正」と訳されている言葉（justice）は「正義」とも訳せます。持続可能な開発のために、平和で包摂的な社会を促進し、すべての人に正義へのアクセスを提供し、あら

ゆるレベルにおいて効果的で説明責任を果たす、包摂的な制度を構築することを目指しています。聖書には、平和、正義、そして強固で公平な制度の重要性に関する多くの教えが含まれており、これらはこの目標を支持するものと解釈することができます。これらの聖書の原則を受け入れることで、私たちは平和で包括的な社会を促進する世界的な取り組みに貢献し、正義へのアクセスを確保し、あらゆるレベルで効果的で説明責任を果たす、包括的な制度を発展させることができます。

聖書は平和に大きな重点を置いています。マタイによる福音書5章9節で、イエスは「平和を造る人々は、幸いである」と言っています。これは、私たちが地域社会とその先にある平和と調和とに向けて積極的に活動することを促しています。

聖書はまた、真の平和の前提条件である正義を提唱しています。ミカ書6章8節には、「人よ、何が善であるのか。そして、主は何をあなたに求めておられるか。それは公正を行い、慈しみを愛し　へりくだって、あなたの神と共に歩むことである」とあります。この聖句は、社会における正義と公正を追求することの重要性を強調しており、すべての人に司法へのアクセスを提供し、公平な制度を構築するという目的と合致しています。

聖書はまた、強固で説明責任を果たす制度の重要性を強調しています。箴言29章4節には、「王は公正によって国を立たせ　貢ぎ物を取り立てる者はこれを滅ぼす」と記されています。この一節は、誠実さと公正さをもって統治するリーダーの重要性を強調しており、それが効果的で説明責任を果たす

包括的な制度の確立に寄与していることを示しています。

　さらに、聖書は、弱者や疎外された人々を擁護することの重要性を説いています（箴言31章8〜9節）。社会のすべての構成員の権利と幸福を擁護することで、正義と平等を促進する包括的な制度の構築に貢献することができるのです。

関連するテーマと聖書箇所

　平和（マタイ5:9、5:44〜48、ローマ14:19、エフェソ4:3）

　公正と正義（アモス書5:24、箴言31:8〜9）

　倫理的なリーダーシップ（箴言29:4、11:14、ルカ22:24〜26）

SDG 17　パートナーシップで目標を達成しよう

　この目標は、実施手段を強化し、持続可能な開発のためのグローバル・パートナーシップを活性化させることを目指すものです。聖書はこの目標に直接言及していませんが、協力、団結、集団行動の重要性に関する教えは、この目標を支持するものと解釈することができます。これらの原則を受け入れることで、私たちは、実施手段を強化し、持続可能な開発のためのグローバルなパートナーシップを活性化させ、すべての人にとってより公正で豊かな世界を作るために協力するグローバルな取り組みに貢献できます。

　聖書は、共通の目的のために協力し、共に働くことを推奨しています。コヘレトの言葉4章9〜10節には、「一人より二人のほうが幸せだ。共に労苦すれば、彼らには幸せな報いがある。たとえ一人が倒れても　もう一人がその友を起こして

くれる。一人は不幸だ。倒れても起こしてくれる友がいない」
とあります。この一節は、チームワークと相互扶助の価値を
強調しており、持続可能な開発目標の達成に向けたパートナー
シップの構築に応用することができます。

　人々の団結も聖書の重要なテーマの一つです。コリント
の信徒への手紙一12章12節で、使徒パウロは、信者の共同体
を多くの部分を持つ一つの体に例えています。このたとえは、
人々の相互のつながりを強調し、分裂や障壁を越えて調和し
て協力することの重要性を示しています。一致を受け入れる
ことで、持続可能な開発のための強力で効果的なグローバ
ル・パートナーシップの形成に貢献することができるのです。

　聖書はまた、課題に取り組み、より大きな利益に貢献する
ための集団行動の重要性を説いています。ガラテヤの信徒へ
の手紙6章2節には、「互いに重荷を担いなさい。そうすれば、
キリストの律法を全うすることになります」と書かれていま
す。これは、責任を共有することの重要性と、苦しみを軽減
し幸福を促進するために協力することの力を強調しています。
集団行動を行うことで、私たちは持続可能な開発目標を達成
するためのパートナーシップを支援することができるのです。

関連するテーマと聖書箇所

　一致と協力（Ⅰコリント12:12〜27、コヘレトの言葉4:9〜12）

　責任と奉仕の共有（ガラテヤ6:2、フィリピ2:4）

　国際協力（ローマ14:19、Ⅰコリント1:10、ガラテヤ3:28）

Ⅱ
SDGsと聖書のメッセージ

SDGsの基礎となるもの
──隣人とは誰？

シュー土戸ポール（大学宗教主任）

ルカによる福音書10章25〜37節
SDG すべて

心を尽くし、魂を尽くし、力を尽くし、思いを尽くして、あ
なたの神である主を愛しなさい、また、隣人を自分のように
愛しなさい（ルカによる福音書10章27節）

　持続可能な開発目標（SDGs）のすべての根底にある基本原
則は、神の愛と他者への愛です。私たち人間は、自分自身を
中心に考える自己中心的な性向があります。自分たちの家族、
町、国にいる人々に愛と優先順位を示すのは自然なことです。
しかし、SDGsは世界規模の問題に取り組んでいます。イエス
が教えた神の愛と隣人愛を最優先に考えるように私たちの考
え方を変えれば、SDGsへの関心が高まるでしょう。実際、イ
エスのこの教えはSDGsのすべてを支えています。
　では、誰が私たちの隣人なのでしょうか？　今日と同じよ
うに、イエスの時代にも、この言葉を狭い意味で定義したが
る人がいました。彼らは自分たちに近い人や似た人だけを愛
したいと思っていました。しかし、イエスは善いサマリア人
のたとえ話を使って、このような信念に異議を唱え、私たち

の隣人とは本当は誰なのかという考え方を拡大しました。このたとえの中で、イエスは意図的に、聴衆に軽蔑され差別されていた別の民族の人物を主人公に選びました。彼は高い社会的地位や名誉ある肩書きを持つ人々を無関心で偽善的な人々として描写しました。社会的に尊敬されている人々ではありますが、実際には他者を愛する行動を取っていないのです。この話の終わりに、イエスは聴衆にこう尋ねます。「この三人の中で、誰が追い剝ぎに襲われた人の隣人になったと思うか」（36節）。本当の隣人は、もちろん、民族や背景、社会的地位に関係なく、他者に対して愛の行動を取る人なのです。

　私たちは、イエスが教えた隣人愛に基づいて、世界と私たちの人生に対するアプローチを見直さなければなりません。まず第一に、世界中のすべての人が私たちの隣人であることを認識する必要があります。これは、私たちの資源消費や気候に影響を与える行動、平和や人権を支持することに関する選択が、地球の反対側にいる人々に影響を与えるため、今まで以上に重要です。私たちのライフスタイルは、すべての人に影響を与えます。例えば、日本での私たちの生活様式は、ブラジルや南アフリカの人々に影響を与えます。私たちのライフスタイルは、この惑星上の他のすべての人々に深い影響を与えています。

　第二に、私たち自身や身近な人々だけでなく、世界的な視点から愛を行動に移す必要があります。隣人愛を受け入れるということは、地理的な場所や文化的背景に関係なく、すべての人々の幸福を心から気にかけることを意味します。

　もし私たちがイエスのメッセージを本当に心に留めてい

れば、SDGsはすべての人々の隣人である世界中の人々に影響を与えるため、私たちにとって重要なものになります。貧困の撲滅、質の高い教育へのアクセスの確保、ジェンダー平等の推進などの目標に取り組むことは、私たちが地球上の隣人への愛と配慮を示すことを反映しています。

イエスは、私たちが今日の世界で善いサマリア人となるよう呼びかけています。私たちとは異なる人々であっても、必要としている人々に助けと支援を提供するために、たとえ話で示された愛と慈悲を模範にしようと努力すべきです。SDGsの達成に積極的に参加することで、私たちはイエスの教えを実践し、神の愛と他者への愛を体現しています。

SDGsは、イエスの隣人愛の教えを具体的に示すものです。神の愛と他者への愛を優先することで、私たちは世界を変え、すべての人々のための公正で平和で持続可能な未来を確実にすることができます。世界中のすべての人が私たちの隣人であることを忘れず、お互いを愛する表現としてSDGsの達成に向けて一緒に働きましょう。

世界での前向きな変化をもたらすための私たちの努力を導いてください。私たちの心がキリストの愛で満たされ、他の人々を隣人として見ることができ、そうすることですべての人々と地球の改善のために働くことに触発されるように願います。

共に生きるために

福嶋裕子（大学宗教主任）

使徒言行録2章44〜47節
SDG 1　貧困をなくそう
SDG 5　ジェンダー平等を実現しよう

> 信じた者たちは皆一つになって、すべての物を共有にし、財
> 産や持ち物を売っては、必要に応じて、皆がそれを分け合っ
> た。そして、毎日ひたすら心を一つにして神殿に集まり、家
> ではパンを裂き、喜びと真心をもって食事を共にし、神を賛
> 美していたので、民衆全体から好意を寄せられた。
> （使徒言行録2章44〜47節）

　この聖書箇所には教会の始まりの様子が記されています。
神様がほんとうにおられること、そしてイエス様をキリスト
であると信じた人々の集まり、それが教会です。信じる人々
が最初に集まったのは、宗教的な目的のための特別の建物、
今私たちがいるこの礼拝堂のようなものではなかったのです。
普通の家でした。古代のエルサレム市の大きな家なら20名か
ら30名の人たちが一室に集うことができました。小さい家な
ら5、6名の人たちを収容できました。このためキリスト教の
初期の教会は「家の教会」と呼ばれました。
　エルサレムの神殿で礼拝をささげた後、信仰者たちは「家
の教会」に集まり、一緒に食事をしたようです。信仰者が集

まってみると、豊かな人もいましたし、貧しい人もいました。この時代には奴隷も当たり前にいましたし、もちろん奴隷でない人たち、いわゆる「自由人」と呼ばれる人もいました。「家の教会」はさまざまな人たちを受け入れました。「家の教会」では、誰もが少しでも同じ食事ができるようにと、集まった人たちは、自分たちの財産を共有にして、貧しい人たちに分け与えることにしました。

これは古代の人たちの知恵です。社会福祉が国や地方の制度として存在しないとき、こうした小さな共同体で自発的に助け合うことで、恒常的な飢えに苦しむ人たちを支えようとしたのです。聖書の古い時代、旧約聖書の申命記14章28〜29節でも、自分たちの収穫の一部を貧しい人たちに分け与えるようにという戒めがあります。貧困も飢餓も、古代ではよくあることです。毎日、十分な食事にあずかることができる人は少なかったのです。

古代の過酷な状況から比べると、現代ははるかに恵まれています。しかし現代でも、古代でも似ている部分があります。それは女たちの状況です。

現代、貧困に苦しむ者の7割が女の人だという統計もあります。仮に世界人口80億の人たちに世界中の富が等しく分配されると、1人当たりの年間の取り分は1万1千ドル（約159万円）くらいです（統計局ホームページのGDPと人口の世界合計から試算）。しかし現実には、1日1.9ドル以下で暮らしている人がおよそ7億8,300万人もいます（SDG 1に関する国連のウェブサイトによる）。その多くが女の人なのです。世界では毎年およそ30万人の妊婦が出産によって死んでいます（WHOのウェ

ブサイトによる）。世界で最も裕福な米国でも妊婦が出産で死亡するリスクは低くありません。世界の多くの文化で、医療や食べ物はまず男たちに与えられ、その後で女たちに回すというのが当然のように考えられています。インド出身の経済学者アマルティア・センは、もし医療や食事による栄養が平等に与えられていたとするなら、世界中の女の人の数は今より1億人ほど多かったはずだと推測しています。1億人の女たちが消えたのは、地球上の貧困の7割が女という存在に押しつけられた結果なのです（カトリーン・マルサル『アダム・スミスの夕食を作ったのは誰か？　これからの経済と女性の話』高橋璃子訳、河出書房新社、2021、69〜71頁）。

エルサレムで最初の教会の人たちが、財産や持ち物を売って、それを共有したのは貧しい人たちの生活を助けるためでした。その貧しい人たちのうち、多くが女たち、また子どもたちだったと想像することは、ある程度、間違っていないでしょう。現代の貧しい地域と同じく、古代でも出産時に死亡する妊婦の割合は高かったでしょう。古代において貧困にあえぐ女たちの割合も多かったことでしょう。

現代の経済学の観点からすれば、財産を共有することはばかげて見えるかもしれません。しかし地球は80億の人間が暮らす「家」でもあるのです。家に集まるすべての人の健康と安全を守りたいものです。それが聖書的な見方です。

貧困や飢餓を解決していくためには、ジェンダーの視点を始め、物事を多角的に見ることが重要です。すぐにすべてを解決はできません。しかし希望を捨てずに祈りつつ、小さな行動を起こしていきたいと願います。

神様、この世界から貧困をなくすことは簡単なことではありません。しかし家の中で誰かが飢えているなら、当然のように食べ物を分かちあうことでしょう。医者に行くことができずに困っている者が家の中にいるなら、必死で看護をするでしょう。そのようにこの世界で貧しくされている者たち、特に貧困にあえぐ女たちと子どもたちにもっと注意を向けることができますように。

幸せなら手をたたこう

森島　豊（大学宗教主任）

詩編47編2節、使徒言行録20章33〜35節
SDG 1　貧困をなくそう
SDG 16　平和と公正をすべての人に

主イエスご自身が「受けるよりは与えるほうが幸いである」
と言われた言葉を思い出すようにと、私はいつも身をもって
示してきました。（使徒言行録20章35節）

　ゴスペル・クワイアーの方々に「手を叩こう」という素敵
な賛美をしていただきました。これは今日「招きの言葉」と
してお読みしました聖書の詩編47編の言葉「すべての民よ、
手を打ち鳴らせ。喜びの歌声で、神に歓呼の叫びを上げよ」
という言葉から来ています。

　みなさんは「幸せなら手をたたこう」という歌を聞いたこ
とがありますか。「幸せなら態度でしめそうよ　ほら みんな
で手をたたこう」。かつて大人気だった坂本九さんが歌って
大流行し、その後1964年の東京オリンピックでも歌われ、海
外にも広がった歌です。みなさんも一度は聞いたことがある
のではないでしょうか。「幸せなら手をたたこう」。実は、こ
の歌もこの詩編の言葉からきた歌なのです。

　この歌を作られた方は木村利人というキリスト者です。バ

イオエシックスの研究者でもあります。敗戦後、大学院生だった木村さんは農村復興のボランティアとしてフィリピンに行きました。木村さんはフィリピンで戦争中日本人が何をしたのか知りました。どこに行っても「日本人は子どもも女性も関係なく、無抵抗な市民を虫けらのように殺戮した」という話を聞かされました。スパイと思われる人を集めて燃やしたという教会の跡地や、弾丸の跡なども見ました。現地の言葉で「日本人、死ね」と言われ、日本語で「バカヤロー」「キサマ」と言葉をかけられたそうです。戦争中、日本軍は欧米の植民地支配下にあるアジアの人たちを助けに行っていると教えられていましたので、まさか日本軍がフィリピンで虐殺や暴行など残虐行為をした加害者だったとは思っていなかったのです。木村さんは黙って聞くしかなかったそうです。

　木村さんは小学校を宿舎にして約1か月間、現地の青年たちと一緒にワークキャンプに参加しました。寝食を共にしながら、農村援助のための土木作業をしたのです。トイレのなかった地域で簡易トイレを作り、校庭を整地し、バスケットコートを作りました。日中は共に汗を流して働き、朝夕の礼拝では聖書を読んで祈り、話し合う。そんなキャンプ生活を送りました。そんな時、一人のフィリピン人の青年が木村さんにこう言いました。

　「君が戦争でフィリピンの人を殺したわけじゃない。だからぼくたちが、日本人が来たら殺してやりたいと思っていたのは間違いだった」と。そして手をとって、「今日は君が新しい世代の日本人として、再び武器をとって戦わないように誓う出発点にしよう」と言われました。二人はそこで聖書を読

み、お互いに涙を流しながら祈りました。その時に読んだ聖書が詩編47編の「すべての民よ、手を打ち鳴らせ」だったのです。この体験から「幸せなら手をたたこう」という歌が生まれました。

　木村さんが特に思いを込めたのが「態度でしめそうよ」という歌詞です。日本人である自分のことを人間として尊重し、受け入れてくれたフィリピンの人々が「態度で示してくれた」と感じたのです。そして、木村さんもそれを態度で示しました。その姿勢は聖書の言葉から来ていました。イエス・キリストは態度で示されました。「受けるよりは与えるほうが幸いである」。その言葉を態度で示され、ご自分を十字架の上にささげられました。人間の罪を赦し、愛をお与えになりました。「受けるよりは与えるほうが幸いである」。

　みなさん幸せですか？　幸せとは、自分を与えられる関係があることです。一緒に手を叩ける相手がいることです。あなたの時間を、心を、分かち合える関係を作ることです。みなさんには自分をささげられる人がどれくらいいらっしゃいますか？　そのように言える人がいるだけ、その人は幸せなのかもしれません。

　みなさんは幸せですか？　今から大事なことを言います。あなたは一人じゃありません。あなたも幸せになれます。本当は、みなさんの周りにはたくさんの人がいます。あなたも幸せになれるのです。その人も神様が与えてくださった人です。私たちにできることがあります。一緒に手を叩こう。態度で示そう。悪に対して善意で、憎しみに対して愛で、赦し合える関係を作り上げていこう。持続可能な世界とは、本当

は、持続可能な関係を言うのです。

　聖書は語ります。「主イエスご自身が『受けるよりは与える
ほうが幸いである』と言われた言葉を思い出すようにと、私
はいつも身をもって示してきました」。私たちも態度で示し
ていきましょう。大丈夫、私たちは幸せになります。主イエ
スの愛に支えられて、一緒に手をたたく相手を増やしていき
ましょう。

　　　イエス・キリストの父なる神様、あなたは何でも
　　お出来になります。あなたの愛で、私たちにも自分
　　を与えられる心をお与えください。みんなで幸せを
　　広げていけますように祝福してください。

Meals on Wheels

David Reedy

Isaiah 58:7

SDG #2 "Zero Hunger"

"Is it not to share your food with the hungry and to provide the poor wanderer with shelter when you see the naked, to clothe them, and not to turn away from your own flesh and blood?" (Isaiah 58:7)

SDG #2 is Zero Hunger, focusing on food and humanitarian relief, and sustainable food production. The first target of that goal is universal access to safe and nutritious food. This goal aims to end hunger for all people by 2030, and focuses particularly on the poor and people in vulnerable situations, including infants, to provide safe, nutritious and sufficient food all year round.

The senior population in the United States is growing exponentially, outpacing the resources available to serve vulnerable older adults. Meals on Wheels is a public-private partnership that effectively promotes health and improves quality of life for at-risk seniors. By using the Meals on Wheels program, seniors can not only stay healthy and independent at home, where they want to be, but also save billions in tax dollars by keeping them out of more costly healthcare alternatives.

The United States is home to many organizations supporting the more than 5,000 community-based programs across the country that are dedicated to addressing senior isolation and hunger. This network serves virtually every community in America and, along with more than two million staff and volunteers, delivers nutritious meals, friendly visits and safety checks that enable seniors to live nourished lives with independence and dignity. By providing funding, leadership, education, research and advocacy support, Meals on Wheels America empowers its local member programs to strengthen their communities, one senior at a time.

My father is one of the Meals on Wheels volunteer workers. Once a week, he and his partner spend a couple of hours driving around their town in Odessa, Texas to deliver nutritious lunches to people who cannot cook or access supermarkets due physical or mental challenges. My father is 95 and legally blind. His partner is 93 and is hearing impaired in one ear. Together they form a good pair. They help each other out with their shortcomings. They live in a house together and enjoy a simple life. Every Sunday they go to Asbury United Methodist Church together and every Monday they help deliver meals in their car.

The Bible teaches to help those who are in need. We must help those who are hungry and others who need help. God will always provide for us. God tells us to do what we can. Even if it's a small gesture, we are doing God's will. As the salt of the earth and light of the world, we must provide for people who are in need.

Lord God, we pray for those who do not have enough food to eat, in the United States, in Japan, and around the world. We give thanks for the many people working to help provide food to the hungry, and especially to those volunteering with the Meals on Wheels program. We pray for strength, courage and wisdom to volunteer ourselves in helping those in need. In Jesus name, Amen.

［日本語要旨］

ミールズ・オン・ホイールズ

リーディー デビッド（学院宣教師）
イザヤ書58章7節
SDG 2　飢餓をゼロに

　SDGのゴール2である「飢餓をゼロに」は、2030年までに特に貧困層や乳幼児などの脆弱な人々を含め、安全で栄養価の高い食品への普遍的なアクセスを実現することを目指しています。アメリカの高齢者人口の増加により、栄養価の高い食品を得ることに課題を抱える高齢者層も増えています。「ミールズ・オン・ホイールズ」（「食事を車に載せて」の意）は、成功した官民協力のパートナーシップであり、リスクのある高

7 月刊行予定

ナウエン・セレクション としを重ねる(仮題)
ヘンリ・ナウエン　原みち子 訳　木原活信 解説

カール・バルト入門 21世紀に和解を語る神学
上田光正

シンボルで味わう典礼・礼拝
宮越俊光

読者の声 愛読者はがきのコメントより

病と信仰 病を担うイエスと生きる
黒鳥偉作
●四六判 並製・144頁・定価1,430円《2020年8月刊》

を担うイエスさま」に新鮮な感動を覚えました。著者の深い洞察
名いたしました。

から病と向き合っていく上でとても参考になりました。また患者
に寄り添う著者の気持ちが伝わり、心が温かくなりました。

しも現在、複数の病気に直面しています。ひとりでこれらと向か
うのは容易ではありません。しかしイエスがともにおられる、そ
メを感じた一冊でした。

しも病を担っているので、興味深く読みました。安息日について
新と、ヨブ記の記事が良かったです。「下への超越者」の言葉が
深かったです。

日本キリスト教団出版局

新刊案内

2023.6

カルトへの最大防御とは？ カルト脱会者の牧師2名が体験から語る

わたしが「カルト」に？
ゆがんだ支配はすぐそばに

最新刊！

齋藤 篤／竹迫 之　川島堅二 監修

元カルト宗教信者で現在はカルト被害者支援に携わる2名の
牧師がカルト問題の現状、カルトの基礎知識、被害防止の対
策などを丁寧に指南。誰もがカルト化する可能性があること
を知ることが、カルトへの最大の防御になると訴える。
●四六判 並製・136頁・定価1,650円《6月刊》

本書を推薦します
鈴木エイト
(ジャーナリスト・作家)

〒169-0051 東京都新宿区西早稲田 2-3-18
TEL.03-3204-0422　FAX.03-3204-0457
振替 00180-0-145610　呈・図書目録
https://bp-uccj.jp
(ホームページからのご注文も承っております)
E-mail　eigyou@bp.uccj.or.jp
【表示価格は消費税 10％込みです】

遠藤周作探究 全3巻《第2回配本》

最新刊！

I 遠藤周作 その人生と『沈黙』の真実

山根道公

「沈黙」という題によって知られる小説に、当初、著者遠藤周作は「日向の匂い」というタイトルをつけていた――。『沈黙』執筆に至る経緯、本来の書名に遠藤がこめた想い、各登場人物の魂のドラマを読み解き、『沈黙』という作品の真実を解き明かす。遠藤周作の年譜付き。生誕100年記念で改訂復刊。

●A5判 上製・400頁・定価4,840円《6月刊》

【シリーズ発売中】『II 遠藤周作『深い河』を読む―マザー・テレサ、宮沢賢治と響きあう世界』定価3,520円
【シリーズ続 刊】『III 遠藤周作の文学とキリスト教』(仮題) 2024年2月予定

今日と明日をつなぐもの

最新刊！

SDGsと聖書のメッセージ

青山学院宗教主任会 編著

聖書のメッセージを通して持続可能な開発目標 (SDGs) を見るとき、私たちは商業主義を越えて、神がつくられた世界で生きるために本当に必要なことは何かを知る。青山学院のグローバルウィークで語られたメッセージに、SDGsに関する序論を付す。

●四六判 並製・128頁・定価1,430円《6月刊》

説教黙想アレテイア叢書《第2回配本》
さんようもん しんどく
三要文 深読 使徒信条

日本キリスト教団出版局 編

信仰のもっとも基本的な内容は何か。教会が伝えようとする福音の内容は何か。使徒信条を読めば、それがわかる。「我は信ず」から「永遠の生命」まで22の黙想によって、使徒信条を味わい尽くす待望の書。説教者はもちろん、信徒にもぜひ手にとってほしい。

●A5判 並製・216頁・定価2,640円《5月刊》

VTJ 旧約聖書注解 イザヤ書 1~12

大島 力

400以上もの箇所が新約聖書で引用され、大な影響を与えたイザヤ書。一般的に三つ解されるこの書を統一された書として解釈は、新約聖書との関連性を鑑みながら「残言」といった重要なテーマを扱う。

●A5判 上製・202頁・通常定価4,400円
《シリーズ10巻突破記念》特価3,960円

シリーズ 好評発売中
『出エジプト記1~18章』『出エジプト記19~40章』鈴木
『申命記』鈴木佳秀 定価8,580円 『サムエル記上1~15章』
『列王記上1~11章』山我哲雄 定価5,280円 『コヘレト書

説教黙想アレテイア叢書《第1回配本》
さんようもん しんどく
三要文 深読 十戒・主の

日本キリスト教団出版局 編

教会の信仰の大黒柱となる十戒・主の祈三要文を味わうシリーズ。本書では、聖である「十戒」、もっとも大切な祈りであ上げる。説教者はもちろん、信徒にも。/岡勝、吉村和雄など充実の執筆陣。

●A5判 並製・208頁・定価2,640円《

聖書通読 新約聖書1日1章

春名康範

マンガ説法などで福音をわかりやすく書を細切れで読むのではなく、全体とメッセージを汲みとることを目指す。著日1章の通読をしたことにより、聖書全音に支えられるようになったという。

●A5判 並製・280頁・定価3,080円

通奏低音のように響き続けている、何とも後味の悪い映画でした。

　2020年には世界で500万人もの5歳未満の幼児が命を落としました（WHO統計、2020）。1日に13,700人、6秒に1人、幼児が亡くなっています。貧困ゆえに、病院へのアクセス方法がないがゆえに、衛生面での適切な知識がないために、母親も栄養不良で乳児が母乳から十分な栄養を取れないがために、幼い子どもたちが命を落としています。これらは、世界が努力すれば、また何らかのサポートを得ることができれば助かった命です。

　日本は乳幼児の死亡率が低い国ではありますが、子どもの貧困率は近年急増し、いまでは13.5％、7人に1人の子どもが貧困状態にあります（厚生労働省の調査による）。貧困は連鎖します。貧困ゆえに塾に行ったり参考書を買ったりという学習の機会、学びへのアクセスができないという負のスパイラルのなかに放り込まれている状況があります。経済的困窮により、さまざまな権利が剥奪され守られていない現状があります。

　最も豊かな20％の人々が世界の富の約70％を独占し、最も豊かな10％の人々の所得は世界のすべての労働所得の約半分を占め、1日2.15ドル以下とされる「極度の貧困」に生きる人々は6億8,500万人にのぼります。これは世界人口のおよそ12人に1人です（World Inequality Report／世界銀行、2022）。

　これらは数字にすぎません。その背後には一つ一つのかけがえのない、忘れてはならない命があります。今この瞬間もどれほどの命が失われており、どれほど多くの母たちの涙が

流されているのでしょう。

　あらゆる暴力が後を絶ちません。戦争は最大の暴力ですが、人身取引、性的搾取、強制労働、強制結婚、DV、乳幼児の売買、臓器売買、そしていまは急速にデジタル性暴力が拡がっています。出会い系サイトが人身取引にエスカレートしているケースも報じられます。国籍を持たない人、住民登録のない人、ひっそりと日本で生きている人、見えなくされている命があります。忘れられ、統計的な数字にすらカウントされない命があります。

　この状況を変えなければなりません。生まれてこないほうがましだったという声を、呻きを、その闇を取り除かなければなりません。たとえ闇だったとしても、その闇の中で「私はあなたを忘れない」という、かすかであっても希望の声が聞こえてこなければなりません。たとえ周りの多くが忘れているとしても、「私はあなたを忘れない」という声が、闇の中にあっても聞こえてくることが必要です。私たちにもその声を伝えていく責任があります。

　人が忘れようと、闇に消し去られる命であろうと、神はあなたを忘れない。預言者イザヤは、そのように語り伝えました。神は「私はあなたを忘れない」と語りかける仕方で、この地上の私たちに関わり続けます。私たちに変わることを求めているのです。「私はあなたを忘れない」との神の声は、貧困の子どもたちにも、世界の権力者、為政者にも、こんな世界にしてしまった私たちにも語り続けます。「私はあなたを忘

れない」。

　もっとも不幸なこと、それは誰からも覚えられない、忘れられている状況です。すべての人には価値があります。状況や状態によってその人の価値が決まるのではありません。いま生きるのが苦しくなっている人が、ここにもいるかもしれません。しかし神はそんなあなたにも語りかけます。「私はあなたを忘れない」。

　神は子を産んだ母のように、たとえ母が忘れたとしても、神はすべての一人ひとりを決して忘れない。この希望の言葉を携えることによって、私たちは変わることができます。変えることができます。さあこの言葉を携えてここから出て行きましょう。

　　神様、いつまでなのですか。戦争もコロナも、いまの苦しみ悩みも、いつまでなのですか。どうか世界の呻き声を聞いてください。傲慢ではなく謙虚さと愛を与えてください。「私はあなたを忘れない」と語りかけ続けてください。

教育を受け、教育を与える

藤原淳賀（大学宗教主任）

> マタイによる福音書6章19～20節
> SDG 4　質の高い教育をみんなに

> あなたがたは地上に宝を積んではならない。そこでは、虫が
> 食って損なったり、盗人が忍び込んで盗み出したりする。宝
> は、天に積みなさい。そこでは、虫が食って損なうこともな
> く、盗人が忍び込んで盗み出すこともない。
>
> （マタイによる福音書6章19～20節）

　人には4つの大切な関係があります。神との関係、隣人と
の関係、自分との関係、自然環境との関係。神と隣人を愛す
ることは聖書の最も大切な戒めです（マタイによる福音書22章
34～39節）。神が愛してくださっている自分を受け入れ、愛し、
神がつくられた美しい自然を大切にすることも大切です。

　「奪い合えば足らない。分かちあえば十分にある」といい
ます。多くの資源、食べ物、空気も水も大切にしていくこと
が必要です。一部の人が勝ち組となり、多くの貧しい人がい
る現在の世界から、すべての人が満たされる世界を目指すこ
とは大切なことです。

　さて、教育とは何でしょうか？　それは、「人を善くしよ
うとするあらゆる試み」といってよいでしょう（村井実『教

育学入門』上下巻、講談社学術文庫、1976)。私たちはみな善く
なりたいのです。思ったとおりにボールが打てるようになり
たい、バイオリンが弾けるようになりたい、速く泳げるよう
になりたい。親が子どもにする指導、先生が学生にする指導、
コーチが選手に行う指導、近所のおじさんが教えてくれるこ
と。善くなって欲しいと思って行うことはみな教育です。

　しかしここは青山学院大学のチャペルですから、特に大学
教育を念頭に置いてお話をします。

1. 受けた教育は失われない

　皆さんは今、青山学院大学で教育を受けています。青山学
院を作ったメソジスト教会は、世界中に教会と学校を作りま
した。

　親になると、子どもに善いものを与えたいと思います。ど
んなに悪い人でも自分の子どもには善いものを与えたいもの
です。愛すること、人生の大切なことを教え分かちあうこと
があるでしょう。お金を残してやりたい。土地や家を残して
やりたいとも思うかもしれません。お金は使ってしまうとな
くなります。使わなくてもインフレとともに価値が下がりま
す。不動産の管理は大変です。建物の資産価値も落ちていき
ます。

　子どもに与えることができ、一生失われないものは何でし
ょうか?

　それは教育です。あなたが受けた教育、それは決して失わ
れることがありません。大学で学んだ内容、受けた学位、出
会った友人、先生方、経験、価値観、ものの考え方。留学し

て外国との出会いを経験する人もいるでしょう。それらは一生失われません。若い頃、感受性が豊かで多くのものを吸収できる時に経験したこと。それは一生の財産になります。学生時代の友人関係、先生との関係、学生時代の思い出は一生大切にしていくことができる財産になります。誰もそれを奪うことはできません。それを用いて人生を豊かに発展させていくことができます。親として、教師として、子どもに学生に与えてあげられる最も大きい贈り物。それは若いときの教育です。

　自分が教育を受けさせていただくこと。そして次の世代に教育の機会を与えること。それはとても大切なことです。それらは持続可能で、誰にも奪われることなく、その人たちを豊かにしていく財産となっていきます。

2. 今受けている教育を大切にする

　どうか今受けている教育の機会を大切にしてください。人生のこの時期にどうか貪欲に学んでいってください。新しい経験をしてください。そして良い友人関係を築き、周りの人を大切にしてあげてください。

　もしあなたが最小限の労力で単位だけ取り、人と関わらず、大学生活を送っているならば、それはとても大切な可能性を失っていることになります。

　学生時代に誰に出会うかはとても大切です。利害関係のない学生時代の友人は一生の友になり得ます。学生時代に出会った人と結婚することもあります。よい関係を築いていれば、先生方とも長いお付き合いをすることができます。教会に行

ってみることも大切です。新しい価値観に出会い、良い人に出会う事は大切なことです。今まで出会ったことがない人に出会い、新しい価値観を学んでいただきたいと思います。

3. 究極のSDGsは神の国に沿う

　私たちはいつかは生涯を終えます。死は、交通事故のように急に来るか、寿命を全うするようにゆっくり来るかの違いはありますが、必ず来ます。

　究極の持続可能な生き方、それは永遠につながるものでなければなりません。それは愛すること、ゆるすこと、憐れみ深くあること、誠実であること、謙虚であること、親切であること、純粋であること。それは天の御国に沿った生き方です。永遠につながる持続可能な生き方です。

　どうか、決して失われない教育の機会を大切にし、地上での生涯だけでなく、永遠につながる生き方を求めてください。

　　神様、永遠につながり、決して失われないものを
　大切にして生きることができますように。

違いは出会い

島田由紀（大学宗教主任）

創世記1章27節
SDG 5　ジェンダー平等を実現しよう

神は人を自分のかたちに創造された。
神のかたちにこれを創造し
男と女に創造された。（創世記1章27節）

　大学生になって出会う大きなことの一つに、「違い」というものがあるのではないかと思います。高校生までは、同じ地域や年齢の人たちとの交わりが圧倒的に多く、文化的また社会的な背景の似通った集団のなかにいることが多かったのではないでしょうか。青山学院では、日本全国だけでなく、海外育ち、あるいは自身は日本で育ったけれどもご両親のルーツは海外、という学生さんも多く在籍しています。また、大学進学が当たり前の環境に育った学生さんもいれば、「学費はとても重いがどうしても学びたい」という強い思いを抱いて進学された学生さんもいます。

　大学生活の日常において、自分の育ってきた環境の「当たり前」とは異なる「当たり前」を持つ人たちと少しずつぶつかる経験をし、人々の間に「違い」があることを知って、そしてもっと大きな「違い」のある世界へと目と心が開かれてい

く――そういうことが、大学生の経験の一つの重要な側面ではないかと思います。オンライン生活で損なわれがちだったものの一つが「違いとの出会い」であるかもしれません。オンラインは平面的で違いが見えにくく、違いに心を留めることを難しくするように感じます。

　聖書の最初に置かれている「創世記」は、人と世界の意味を記しています。私たちは人と世界を見て生きていますが、聖書を与えられた古代イスラエルの人々は、目に見える人と世界との間に神様の介在を見て取りました。
　1章27節には、人とは本来どのような存在であるのかが、これ以上ないほど、シンプルにしかし深みをもって、語られているように思います。ここでは、すべての人が誰でも、人である、ただそれだけのことで、本来、神様のかたちを映している、と宣言されています。神様のかたちを映して神様との関係に招かれている以上、すべての人が等しく、神様によって尊ばれているのです。
　創世記を受け取った古代イスラエルの人々は、世の中の悲惨な現状を知らなかったわけではありません。彼らは、社会の中で力を持たない女性や親のない子どもが虐げられていることを知っていましたし、圧倒的な軍事力を持つ征服者によって踏みにじられることを経験していました。そうした現実にもかかわらず、能力や肩書や達成した事業の大きさなどが人の尊さの源なのではなく、本来神様のかたちを映す「人」であること、そうして神様との関係に開かれていること、ただそのことにおいて誰もが尊ばれる、と聖書に指し示されま

63

した。このことは、古代イスラエルから現代に至るまで、聖書とともに歩む人々にとって、灯となってきました。

　神様とのつながりにおいてすべての人が等しく尊ばれる、ということと同時に、この聖書の言葉にはもう一つ、人間の姿が映し出されています。それは、人々の間には違いがある、ということです。ここでは「男と女」という言い方がされていますが、2人の人がいればその間には違いがある、ということです。古い時代のコメントにこう言われているそうです。人が男と女に造られている、異なる種族に造られている、それは人々が互いに知り合うためである、と。
　聖書のこの言葉において、「違っている」ということは、何ら優劣を表すものでも、優劣を生むものでもありません。「違っていること」は、出会いの始まり、知り合うことの始まりなのです。出会い、知り合うことの先に何が待っているのか、私たちは知りません。「違っていること」は、私たちが生きる意味をより豊かにしてくれる可能性なのです。

　皆さんの中には、何らかの事情で、自分にとって自分自身が重荷のように感じられる、自分自身の身体が自分の心を傷つけるように感じられる、という方がいらっしゃるかもしれません。創世記では、神様は人が生きるに必要な世界・環境を整え人を造られたあと、すべてのものをご覧になって「それは極めて良かった」と言われた、とあります（1章31節）。一人ひとりが、神様に対して開かれた「人」であること、それだけにおいて「極めて良い」と言われたのです。

SDGの5番目にジェンダー平等が謳われています。SDGsが改定されるときには、性的マイノリティの人々の平等も明確に言及されるのではないか、と言われているそうです。SDGsが定められるずっとずっと昔から、聖書は、神様において、すべての人が平等であって尊いことを指し示してきました。

　　神様、私たちが、あらゆる違いを脅威や優劣としてではなく、豊かさの源として、あなたの前で、一つひとつの出会いを喜んでいくことができますように。

土地を相続した女たち

福嶋裕子（大学宗教主任）

> 民数記27章1〜5節
> SDG 1　貧困をなくそう
> SDG 5　ジェンダー平等を実現しよう

> さて、ヨセフの子マナセの一族で、ヘフェルの子ツェロフハドの娘たちが進み出た。……彼女たちは、会見の幕屋の入り口で、モーセ、祭司エルアザル、指導者たち、および全会衆の前に立って言った。「……私たちの父の兄弟たちと同じように、私たちにも所有地を与えてください。」モーセは娘たちの訴えを主の前に持って行った。
>
> （民数記27章1〜2節、4〜5節）

　生まれてすぐの赤ちゃんにお医者さんが「この子は女の子だ」と宣言しても、それでその子の性別が定まるのではありません。大抵の場合、その赤ん坊は女の子らしい名前をもらい、女の子らしい洋服を着せられ、女の子らしくふるまうようにつねに言い聞かされることで、自分が「女である」ことを自覚していきます。哲学者シモーヌ・ド・ボーヴォワールは、このように社会によって「女」という存在が形成されることを指摘しました（シモーヌ・ド・ボーヴォワール『決定版 第二の性　Ⅰ　事実と神話』『第二の性』を原文で読み直す会訳、河出文庫、2023）。

今から約50年ほど前にフェミニスト神学を構築する動き
が出てきました。フェミニズムの思想は多様ですが、一貫し
ていることは女も人間だという考えです。フェミニズムとは、
ラテン語の「フェミナ」（女）に由来し、一般には「女の権利
を主張する」ものだと見なされがちです。しかし女について
考えることは、人間存在の根幹に触れることです。

　私たちには「普遍的な人間」とは男だとイメージしやすい
傾向があります。例えば、多くの国の警察や工事現場や軍隊
において、男の身体を基準にして設計された作業着や制服や
防弾チョッキが公式には支給されます。そのため女たちは身
体に合わない服を着て、怪我や事故に遭いやすいのです。ア
メリカでは、車の運転席は白人男性の身体を基準にデザイン
されています。普通仕様の車は女の人にとっては大きすぎる
のです。また世界共通のように主婦は自転車で子どもの送迎
や日用品の買い物に行きますが、都市の道路は車にとって最
も都合が良いように設計されています（キャロライン・クリア
ド＝ペレス『存在しない女たち　男性優位の世界にひそむ見せかけ
けのファクトを暴く』神崎朗子訳、河出書房新社、2020を参照）。

　些細なことの積み重ねですが、女たちの存在は無かった
ことにされてきました。これは従来の聖書解釈においても同
様です。女がキリスト教の歴史の中で重要な役割を担ったこ
とはないと聖書学者たちは思いこんできました。しかし本当
にそうなのでしょうか。新約聖書の原語であるギリシア語で
「兄弟たち」と述べるとき、そこに女たちがいても「兄弟た
ち」と一括りにされます。無視されていたとしても、女たち
が教会にいた可能性はあります。同様に「預言者」や「使徒」

や「教師」や「弟子」の中にも女たちがいたと仮定できますし、聖書箇所によってはそうした女たちの存在を明確に特定できることもあります。

聖書の言語であるヘブライ語もギリシア語も男性中心的な性質を持ち、聖書が書かれた時代も男性中心の社会です。聖書が自立した女の姿を描き出すことはほぼありません。ところがわずかながら、男性中心の社会に風穴を開けるエピソードが残されています。民数記では5人の娘たちが、祭司や指導者たちを含む「全会衆の前」で自分たちの願いを声にしました。5人の姉妹は、自分たちの父に息子がいないため、娘である自分たちに土地が所有できるように認めてくださいと訴えたのです。この非常に古い時代に、女が土地を相続するというのは革命的なアイデアでした。現代でも女性の農地所有者は全体のわずか13%ですが（SDG 5に関する国連のウェブサイトによる）、古代イスラエルにおいてはまったく新しいことでした。

古代において土地は生存のためのすべてを意味します。土地から生え出る草木は衣類に、土地を耕して得る野菜は食料に、木々は住まいや道具作りのために。家畜や野生の動物たちにとっても、土地は生存に欠かせないものです。そうであれば、誰もが土地にアクセスできるべきです。

ツェロフハドの5人の娘たちは、私利私欲のためではなく、家族とその子孫の生存を賭けて土地の所有を願い出ました。現代のフェミニスト運動は、女の権利を優先させよと主張していると、表面的には見えるかもしれません。しかし女の権利が守られることは、実は人間の最低の生存の権利が守られ

ることを意味します。人間として最低の権利の保障を娘たち
が願い出て、それが神様によって受けとめられたことを覚え
ておきたいと願うものです。

　　神様、今も生存の権利を脅かされている人たちが
　この世界にはたくさんいます。なかでも特に女たち
　のために祈ります。女であるというだけで経済的な
　制限を受けることがありませんように。なにより男
　女の別なく、誰もが安心して健康に暮らすことがで
　きますように。

アクセスの拡大

大宮　謙（大学宗教主任）

ローマの信徒への手紙5章1〜5節
SDG 9　産業と技術革新の基盤をつくろう

そればかりでなく、苦難をも誇りとしています。苦難が忍耐
を生み、忍耐が品格を、品格が希望を生むことを知っている
からです。この希望が失望に終わることはありません。私た
ちに与えられた聖霊によって、神の愛が私たちの心に注がれ
ているからです。（ローマの信徒への手紙5章3〜5節）

　青山学院グローバルウィークは、一人ひとりが国際的な理
解を高めること、愛と奉仕の精神をもってすべての人と社会
のために、より公正、より平和、より持続可能な未来を目指
すこと、これらを意識する1週間です。今日の礼拝では、SDGs
の17の目標のうち、「産業と技術革新の基盤をつくろう」に付
随する「金融サービスへのアクセスを拡大する」というター
ゲットを取り上げます。

　このターゲットに違和感を覚えるかもしれません。金融サー
ビスへのアクセスが拡大して利益を得るのは銀行や証券や
保険の会社ではないのか、どこが「持続可能な未来」とつな
がるのか、「愛と奉仕の精神」が金融サービスから生まれるの
か、と思うかもしれません。でも、産業が発展し、技術革新

が起こるには、「ヒト、モノ、カネ」の3点セットが重要です。その中の「カネ」へのアクセスを拡大し、持続可能な開発を進めようというのが、このターゲットの趣旨です。

せっかく素晴らしいビジネスのアイデアが浮かび、やる気満々の仲間が集まっても、ビジネスの資金、カネが無ければ実現できません。そこで、実績や信用がなくともビジネスを始めるチャンスが得られる環境を作ろうというのが、このターゲットの目指すところです。

思い浮かぶのは、バングラデシュでのグラミン銀行の働きです。竹細工師を高利貸しによる借金のループから救おうと、ムハマド・ユヌス氏が立ち上げたビジネスで、マイクロ・ファイナンスという新しい金融サービスを提供しました。さらに、クラウド・ファンディングも拡大し、高金利のために貧困に喘いでいた人に新しいチャンスが生まれています。一般的にも、アクセスの選択肢が限られると、それを受けざるを得ない場合がありますが、選択肢が増えれば、より良いものを選べます。

アクセスの選択肢が限られる状況は、先ほどの聖書の言葉で言えば「苦難」と言えます。この手紙を書いたパウロは、現在のトルコ半島やギリシアを中心に伝道活動に取り組みましたが、そこには多くの「苦難」がありました。相手はギリシアの神々を信じていたので、キリスト教はなかなか受け入れられませんでした。完全なアウェー状態だったのです。「神といえばギリシアの神々だ」という理解が、岩のようにガッチリ根づいていたからです。

それでもパウロは挫けません。伝道活動に取り組む中で、

苦難が苦難で終わらないことを既に何度も経験したからです。別の言い方をすれば、「もう駄目だと思ったけれども何とかなった」経験です。この経験から次の言葉が生まれました。

「苦難が忍耐を生み、忍耐が品格を、品格が希望を生む」

つまり、苦難に耐える中で忍耐することを覚え、忍耐を続ける中で品格が備わり、品格が備わる中で希望が生まれる、というのです。

さらに続きます。「この希望が失望に終わることはありません。私たちに与えられた聖霊によって、神の愛が私たちの心に注がれているからです」（5節）。

「神の愛が心に注がれている」とは、自分が神に愛されている実感を持つことです。イエス・キリストのおかげで自分は神に愛されていると、パウロは信じていました。目には見えない神の愛を、パウロは肌で感じていたのです。神が自分を愛しているのだから、苦難もきっと何とかなると信じ、パウロは希望を捨てずに活動し続けました。言ってみれば、神の愛へのアクセスがいつでも可能だったので、パウロは活動を続けられたのです。

これはパウロの経験ですが、一般的にも希望のあるところには工夫が生まれます。逆に、どうにもならない、終わったと失望するところでは、もはや工夫する気持ちにはなりません。

この世の中には、人を助け、救うための素晴らしいアイデアを持つ人がいます。その実現には、金融サービスへのアクセス拡大、さらには、「愛と奉仕の精神」へのアクセス拡大が欠かせません。困っている人がいるなら何とかしようじゃな

いか、と思う人が一人でも多く生み出されることが求められます。善意へのアクセスが拡大し、平和へのアクセスが拡大し、安らぎへのアクセスが拡大し、神の愛へのアクセスが拡大することが、今、求められているのです。

　　イエス・キリストの父である神様、アクセスが難しいために苦しむ人がいます。金融サービス、愛と奉仕の精神、善意、人が大切にされる環境、平和、神の愛。どうか、良いもの、人を助け、支え、慰め、励ます、これらのものへのアクセスを拡大できますように。私たちも、そのために手伝うことができますように。助け、導いてください。

破壊的イノベーション

塩谷直也（大学宗教主任）

マタイによる福音書25章14〜30節
SDG 9　産業と技術革新の基盤をつくろう

五タラントン受け取った者が……言った。「ご主人様、五タラントンをお預けになりましたが、御覧ください。ほかに五タラントンもうけました。」……一タラントン受け取った者も進み出て言った。「ご主人様……恐ろしくなり、出て行って、あなたのタラントンを地の中に隠しておきました。」
（マタイによる福音書25章20、24〜25節）

　最初の人物は5タラントンを2倍に増やしました。運用したのです。しかし最後の者は預かった1タラントンを地面の中に隠します。臆病でした。商売を始めるその一歩を踏み出す勇気がなかった。そんなリスクを冒すぐらいなら、タラントンを埋めておくほうが良かったのです。
　気持ちは分かります。しかし失うのが怖いのは最初の人物も一緒。さらに言えば最初の人物も順調に着々と増やしたとは書いていない。ひょっとしたら一回全部失っているかもしれない。けれど再び立ち上がり、以前の倍を稼いだかもしれないのです。

聖書に登場するエルサレム神殿、それはイスラエルの人々にとって聖地でした。ところがその神殿が1世紀に破壊されます。夢、希望、予定、信仰、共同体が消滅します。人々はどうしたでしょうか。なんと彼らはそこで読まれていた聖書を持ち出し、世界中で信仰を守り続けたのでした。つまり神殿中心の宗教から土地に縛られない持ち運び可能な宗教へと変わったのです。エルサレム神殿でしか出会えなかった旧約聖書が、自由に世界を歩き始め、世界中の人、私やあなたの手のひらに載るようになったのです（長谷川修一『遺跡が語る聖書の世界』新教出版社、2021、123頁）。

　歴史上、5タラントンを多くの人が失いました。しかし同時にそこから立ち上がり、新たに「稼いで」世界に新しい道を示した人がいます。そんな勇気ある人々によって、歴史はいつも作り変えられてきたのではないでしょうか。

　破壊的イノベーションという言葉があります。持続的イノベーションと共に語られます。有機化学者の山本尚さんが、知人の話として次のように語っています。

　「日本の企業では欧米の先進研究が発表されると、詳細な再現実験をし、粘り強く改善することで市場を獲得することが多かったそうです。これは典型的な『持続的イノベーション』の手法です。これでは現在問題となっている脱炭素、SDGs（持続可能な開発目標）、ムーンショット（挑戦的な計画や試み）は成就しません。世界は破壊的イノベーションの時代に入っており、それなしでは大きな成長は望めないのです」（「あの人に迫る　山本尚　有機化学者」東京新聞朝刊、6面、2022

　携帯音楽プレーヤーの登場でラジカセが消え、パソコンの出現でワープロは消えました。このように今までのものが一瞬に古び、新しいものに置き換わる。従来の商品、発想を無意味にしていくとの意味で破壊的と言います。しかし私はこの破壊的にもう一つの意味を感じます。それは今までの自分たちの発想が一度は破壊され、しかしそのゼロの状態から立ち上がり、新しいものを生み出す。つまり他の商品を破壊する前に一度自らの発想が破壊されることで、あらためてユニークなイノベーションが起こるという意味です。エルサレム神殿が破壊されて聖書がモバイル化するという大きな転換点を迎えたように。

　今までのやり方ではこの地球はもう維持できない、「技術革新（イノベーション）」が必要だとSDGsは語ります。それは従来の技術を上積みし、丁寧に磨き上げることではもう生まれません。それは持続型イノベーション、タラントンを地面の中に埋めることです。新しい何かは破壊的イノベーションから生まれるのかもしれません。タラントンを失うかもしれない。しかし、失った後から今までに無いものが生まれると信じてチャレンジする。5タラントンを使い切るのです。

　1970～90年代、日本は最も先進的なテクノロジー国家だと自らを誇り、世界の国々を見下す雰囲気すらありました。しかしその後、時代は変わりました。人々は嘆きます。先端技術を持ちながら、なぜ日本でiPhoneが生まれなかったのか。Googleが生まれなかったのか。これほどまでに出遅れたのか。

それは日本が、お金を稼ぐことはできたのですが、ここしばらくそのお金、タラントンを地面に埋め続けたからかもしれません。

　今日も、私もあなたも神様の前で、タラントンを預かっています。年齢は関係ありません。失うことを恐れず、ぜひ運用しましょう。

　　神様、人生を終えるとき、あなたは私たちにチャ
　レンジしたか、無になっても、破壊されても立ち上
　がったか、私にしかできないイノベーションを起こ
　したか、そこを問われます。その問いに、答えられ
　る人生に私たちを導いてください。

命の重み

浅原一泰（中等部宗教主任）

マタイによる福音書20章1〜16節
SDG 10　人や国の不平等をなくそう
SDG 16　平和と公正をすべての人に

主人はその一人に答えた。「友よ、あなたに不当なことはして
いない。あなたは私と一デナリオンの約束をしたではない
か。自分の分を受け取って帰りなさい。私はこの最後の者に
も、あなたと同じように支払ってやりたいのだ。」
（マタイによる福音書20章13〜14節）

　かつて、こんな話を聞いたことがあります。スイスのある
会社では障害のある人とない人が同じ場所で働き、できる仕
事の量に大きな違いがあっても全く同じ額の給与が支払われ
ているのだそうです。
　その話を聞いた他国の人が驚いて、障害のない人からは不
満は出ないのかとその会社に尋ねたところ、「別に不満はな
い」という回答が返ってきました。理由はこうです。「目に見
える生産性、つまり仕事量という結果から見れば、健康な人
間が5の仕事をした時、障害のある人は確かに1の仕事しかで
きません。でも、同じ仕事をしているうちに見えてくること
があります。健康な者が1の目に見えない努力をする時、障害

のある方々は5の目に見えない努力、5倍の苦労をしています。同じことをするのに彼らは5倍の努力を傾けている、ということです。どれだけ結果を残したかという仕事量と、どれだけ努力し労苦したかという重みは同じ価値だと思います。だから給料が同じで当たり前ではないですか」。

　2016年の夏、津久井やまゆり園という知的障害者施設で19名もの入居者の命が奪われ職員含め30名近くの方が重軽傷を負う、という悲惨な事件がありました。その施設を辞めさせられた元職員の恨みによる犯行と初めは伝えられましたが、犯人が語ったとされる言葉に次のようなものがあります。「障害者は生きる価値はあるのか？」「重い税金を課してまでして障害者や高齢者を助けなければならないのか？」「どうして有能な強い人間が、弱い人間を生かすために働かなければならないのか？」「自然は弱肉強食の原理で動いているのに、なぜ人間社会では弱い者を救おうとするのか。優れた遺伝子が生き残るのが自然の摂理ではないか？」

　犯人があのスイスの会社の話を知って賛同してくれていたら、あのような悲惨な事件は起こらなかったかもしれません。働いた分の要求を主張するのが当然の権利だと思っている健康な人間よりも、何倍もの努力や労苦を重ねて生きているのが障害のある方々なのではないでしょうか。その努力や労苦はその方々が背負っておられる命の重みなのではないでしょうか。

　先ほど、ぶどう園で働く労働者に賃金を支払う主人の話を

聖書から紹介しました。夜明けから働いた労働者と夕方から働いた者たちとに、この主人からは同じ賃金が支払われます。夜明けから働いた者たちは主人に不平を言います。「なぜ賃金が同じなのですか」と。この世では至極もっともな要求です。しかし夕方まで働かなかった者たちも怠けていたのではなく、「誰も雇ってくれないのです」(7節)と苦しみ続けていました。

　ここで言われている賃金を生きる命の重み、生きる意味に置き換えてみてください。ぶどう園の主人は神様のことです。神はすべての人に命を与えているが、誰もが同じ時に、同じ仕方でその命を輝かせるわけではありません。同じペースで重みが増していくわけでもありません。早い時から輝く人もいれば、年を重ねてからようやく輝く人もいます。一生輝かないまま命の幕を閉じる人もいるのです。しかし輝かない人には輝いている人以上の悩み苦しみがあります。今は輝いていても、明日には闇しか見えないほどに傷つく人もいます。しかし命の与え手である神は輝いている人を祝福しつつも、痛み苦しむ者と共に苦しみながら励まし続けています。最後まで輝くことが出来ずに死を迎える者の傍らにもイエスは歩み寄り、その者の死の苦しみをも背負って十字架にかかった上で、死からよみがえることで真の命の希望を示し続けています。神が一人一人に与えたその命の重みに違いなど決してありません。無駄な命、死んでもよい命など絶対にありません。だからあの主人は最後にこう言っていました。「私はこの最後の者にも、あなたと同じように支払ってやりたいのだ」(14節)。

SDGsの目標10と16にこう謳(うた)われています。「人や国の不平等をなくそう」、「平和と公正をすべての人に」。

　グローバルウィークのこの礼拝において、世界の一人一人が、神から与えられたかけがえのない命の担い手であることに気づかされたいと願います。

　　父なる神、この世は目に見える結果で人間を比べ、
　　偏った尺度によって差別してしまう過ちを繰り返し
　　ています。その尺度に流されそうになる私たちをど
　　うか踏みとどまらせてください。無駄な命など一つ
　　としてあってはならず、主イエスを死からよみがえ
　　らせたあなたから与えられたかけがえのない命に誰
　　もが生かされていることに目を開かせてください。

ここも神の御国なれば

左近　豊（大学宗教主任）

アモス書5章24節
SDG 11　住み続けられるまちづくりを

公正を水のように
正義を大河のように
尽きることなく流れさせよ。（アモス書5章24節）

　SDGsの11番目は、「住み続けられるまちづくりを　都市を包摂的、安全、レジリエントかつ持続可能にする」となっています。都市といわれるのは、地球の陸地部分のほんの3パーセントにすぎないそうです。ところが、世界人口のおよそ半数である35億人がこの都市部に集中しています。さらに30年後の2050年には世界人口の3分の2が都市に住むことになると予想されています。炭素排出量の75パーセントを、そのわずかな都市部が占めているというのです（SDG11に関する国連のウェブサイトによる）。飲料水や電気などのライフラインの逼迫、さらには都市を取り巻く地域環境への負荷も問題になっています。老朽化したインフラの危険性や、人が多ければ当然出てくるごみ問題、また、地震や水害など自然災害が起こるたびに問題になる都市の脆弱さや災害リスクなど、ハード面での問題への指摘がなされています。そして、何よりも

都市に集まる多くの人と人の間に巻き起こる問題が深刻さを増すと考えられます。例えば埋めがたく広がる貧富の格差や、過密なほどに人が溢れているのに、一人ひとりの中では深まってゆく孤立など、すべての人が安心して公正に扱われ、住み続けられる街づくりとは何なのか、考えることが求められているのだと思います。持続可能な都市について聖書はどのようなヴィジョンを与えてくれるのでしょうか？

　紀元前8世紀の預言者たちは、都市化がもたらした問題に鋭く切り込みました。その中で代表的な預言者にアモスがいます。預言者アモスが活躍した時代は、古代イスラエルが比較的平和で安定した時期でした。大きな戦争もなく、ヤロブアム二世という王は、在位40年に及ぶ長期安定政権を保っていました。外国から侵略される恐れも少なかった時期ということもあって、町には人が集まってきてマーケットが開き、地中海を渡ってきた物資や、メソポタミアとエジプトの間を行き来する貿易の中継地にもなり、オリエントのさまざまな地域から商品が流れ込んで、取引が盛んに行われ、都市化に拍車がかかって、大いに平和と繁栄を謳歌した時代だったと言えます。

　ただ繁栄すればするほど、社会はいびつな歪みを抱えていったことを預言者は見据えるのです。例えば、経済的に落ちぶれて借金を返せなくなったかつての商売相手を、サンダル一足分、つまり左右のペアの値段ではなく、片方だけの価値で債務奴隷として売り買いしたり、地面にその頭を踏み付けにしたり、債務を抱えた人の娘を、金持ち親子で弄んで辱めたり、果ては畏れを知らぬ所業に及んで、神を蔑ろにし、祭

壇の前で質にとった服を敷き詰めて寝転び、借金の代わりに取り立てたワインを神の家（神殿）でかっくらう有様を呈するほどだったのです（アモス書2章6〜8節）。有り余る富を持て余し、ついには見晴らしの良い丘の上に、「象牙」で別荘を建てて、これ見よがしな巨大な邸宅を連ねた高級住宅街を築き上げる（3章15節参照）。表面的には信仰深いふりをして祭儀には参加していても、心の中では、ああ、早くこの「新月祭」が終わらないか、マーケットが開いたら穀物を売って一儲けするぞ、ああ、「安息日」なんか早く終わってほしい、早いところ麦を売りに出して稼ぎたいものだ、とうそぶいている。さらにはかりを誤魔化して、少ない穀物を高く売りつけて利ざやを稼ぎ、払えなくなった人たちを借金のかたに安く買い叩こう、あるいは商品にならないくず麦でも売りつけてやろう、と神の前で恥も外聞もかなぐり捨てて商売の算段をしていることを、預言者は見抜いて、その的はずれな生き方、神を神とも思わない都市のエリートたちの傲慢を激しく糺すのです（8章4〜6節）。

　都市化は、ややもすれば人間性に歪みをもたらす危険性があることに聖書は気づかせるのです。誰もが神の前で等しく尊厳を与えられているはずなのに、それが捻じ曲げられてゆく。すべての人が取り残されない持続可能な街づくりを根本から歪めてしまうのです。預言者アモスの悲痛な叫びと神の嘆きの言葉は、現代にも響きます。「公正を水のように　正義を大河のように　尽きることなく流れさせよ」。

　これからますます加速する都市化の波の中で、そこに住むすべての人が取り残されることのない街づくりを目指す私た

ちは、聖書の知恵の教師が教えてくれる祈りを心に留めたい
と思うのです。

　　　私は二つのことをあなたに願います。
　　　私が死ぬまで、それらを拒まないでください。
　　　……
　　　貧しくもせず、富ませもせず
　　　私にふさわしい食物で私を養ってください。
　　　私が満ち足り、あなたを否んで
　　　「主とは何者か」と言わないために。
　　　貧しさのゆえに盗み、神の名を汚さないために。
　　　（箴言30章7〜9節）

海を越えて

吉岡康子（大学宗教主任）

> マルコによる福音書4章35〜41節
> SDG 14　海の豊かさを守ろう
>
> そこで、弟子たちはイエスを起こして、「先生、私たちが溺
れ死んでも、かまわないのですか」と言った。イエスは起き
上がって、風を叱り、湖に、「黙れ。静まれ」と言われた。
すると、風はやみ、すっかり凪になった。イエスは言われた。
「なぜ怖がるのか。まだ信仰がないのか。」
>
> （マルコによる福音書4章38〜40節）

「海なんて大きらい　ばかやろー！　今までありがとう
ぼくのお家」

　津波被害を受けた岩手県の沿岸部、宮古のあるお宅に「解
体してください」と赤いペンキで書かれたそのわきに小さく
書かれていました。学生たちとボランティアに行った時に出
会った言葉です。そして宮古に通い続けるなかで数年前には、
「やっぱり海が好き　海と共にこれからも生きていく」とい
う小学生の言葉にも出会いました。海が嫌いになったあの子
が今どのような思いで海と向き合っているだろうかといつも
想い、祈っています。

　聖書においても海は ── ガリラヤ湖などの湖も含みます

——恐怖の対象でした。山は神に近づく祈りの場所であるのに対し、海は神から遠く、人間の力では到底歯の立たない世界として恐れられていたのです。しかしその恐ろしい海に、それも夜、漕ぎ出した舟がありました。主イエスと弟子たちです。既に暗くなっていた夕刻、「向こう岸へ渡ろう」（35節）との主イエスの呼びかけに促され、彼らは船出します。夜の船旅——常識的に考えればこの時間からの船出は危険が多すぎます。何らかのトラブルに巻き込まれる可能性が大きいのです。けれども弟子たちは招きに応えました。弟子の中の数名はかつてこの海を漁場としていた漁師でしたから、知恵と経験もプライドもあり、何とかなると思っていたのでしょう。

　しかし彼らの舟を嵐が襲います。激しい突風というのはまさに「津波」に匹敵する激しさ、悪魔的なエネルギーを持った嵐と言われています。主イエスと共に旅立った舟だから、波風立たない鏡のような水面を進むかと言えば、そうではないのです。神さまを信じる人にも嵐は襲いかかります。彼らは大波に翻弄され、波をかぶり、命の危険にさらされます。弟子たちは慌てふためきました。彼らの知識や経験をもっても乗り越えられない困難に襲われたのです。人間の知恵、経験、プライドなどが行き詰まったその時、彼らは主イエスが共に居られることを思い出します。見れば、主イエスはぐっすりと舟の中で寝ておられるのです。彼らは主イエスにすがりつく、と言うよりも、まさにたたき起こすような勢いで叫びます。「先生、私たちが溺れ死んでもかまわないのですか！」と悲鳴をあげます。

平穏無事な時には、私たちは神さまを忘れかけているか、忘れきっています。しかし、危機に瀕したときに私たちは神さまを求めます。そして、気づくのです。主イエスが自分と共に嵐に翻弄される舟に乗っておられることを。もっとも苦しい時にもっとも近くに居られる神と出会うのです。それではまるで「苦しい時の神頼みではないか」と言われるかもしれません。それで良いのです。それが良いのです。私たちは案外、本当に苦しい時に神さまを頼まず、自分の知識や経験や頑張りで何とかしようとするのではないでしょうか。苦しみの中で、困難のただなかで、私たちは私たちのすぐ近くに居られる神さまと出会うことができるのです。困った時にすがりつくことができる神さまがおられることを忘れてはなりません。「溺れそうです！」とすがりついたその叫びに主イエスは必ず応えてくださいます。

　「イエスは起き上がって、風を叱り、湖に、『黙れ。静まれ』と言われた。すると風はやみ、すっかり凪になった」（39節）。その時、彼らは知るのです。本当に畏れるべき方はどなたであるかを。恐ろしい海を制し、海の中にいのちの道を開くお方こそがまことに畏れ従うべき方であると。

　私たちの日々のなかでも思いがけない時、思いがけない場所で、主イエスは、「海を渡り向こう岸へ行こう」と旅立ちを呼びかける方です。向こう岸へ渡ることには危険が伴います。しかし、色々な可能性を考えて、渡らない生き方が本当に正しいのでしょうか。「向こう岸へ渡ろう」と呼びかけられる時、私たちはひとりで夜の海に追い出されるのではありませ

ん。「私と共に、向こう岸へ渡ろう」と主イエスが招かれるの
です。主イエスの招きに応えていつでもどこにいても、主イ
エスと共に海を渡る新しい道へと踏み出していきたいと願い
ます。

　「向こう岸へ渡ろう」と呼びかけてくださる主イ
エス・キリストの父なる神さま。
　苦しい時、辛い時、孤独を感じる時にこそ、あな
たが共にいてくださることを感謝いたします。
　いつでもどこでも、主イエスと共に主がひらいて
くださるいのちの道をとおって向こう岸へと進み行
くことができますよう私たちを導いてください。

海の豊かさを守ろう

創世記1章9～10、20～21節
SDG 14　海の豊かさを守ろう

神は言われた。「天の下の水は一か所に集まり、乾いた所が
現れよ。」そのようになった。神は乾いた所を地と呼び、水
の集まった所を海と呼ばれた。神は見て良しとされた。

（創世記1章9～10節）

神は言われた。「水は群がる生き物で満ち溢れ、鳥は地の上、
天の大空を飛べ。」神は大きな海の怪獣を創造された。水に
群がりうごめくあらゆる生き物をそれぞれの種類に従って、
また、翼のあるあらゆる鳥をそれぞれの種類に従って創造さ
れた。神は見て良しとされた。（創世記1章20～21節）

　2018年8月、鎌倉市の由比ヶ浜海岸に、シロナガスクジラ
の死骸が打ち上げられました。このクジラの死骸は、生後約5
か月ほどの赤ちゃんでした。しかし赤ちゃんと言っても、体
長が約10メートルもありました。大人のシロナガスクジラの
場合、体長は平均で約25メートルもあり、地球で最大級の動
物であるそうです。この赤ちゃんクジラは、なぜ死んだので
しょうか。解剖の結果、胃の中からビニールのごみが発見さ
れました。他にも殺虫剤の成分なども検出されました。ビニ

ールのごみが直接の死因ではないとのことですが、この事件をきっかけに、海中のごみがどれほど多くなっているかという問題が、大々的に指摘されるようになりました。

　海中のごみについて調べてみると、毎年、1年間に800万トンものプラスチックごみが世界の海に流れ込んでいるそうです。そして今から30年後には、海の中のプラスチックごみの重量は、海の中の生き物の重量を超えると推測されています（『環境白書』令和元年版）。魚がプラスチックごみを食べると、胃の中に溜まり、餌を食べられなくなって死んでしまいます。あるいは、プラスチックごみで怪我をしてしまうそうです。また、プラスチックごみは、海の中を漂う間に、紫外線や波の影響を受けます。時間が経つにつれ、非常に細かくなり、小さな魚やプランクトンまでもが餌と間違って食べてしまうそうです。さらに、街中でポイ捨てされたプラスチックごみが、風によって飛ばされて川の中に落下し、長い時間を経て海に辿り着きます。そして海の生物に大きな悪影響を与えているというのです。それ故に、私たちに出来ることとして、ごみを捨てないこと、プラスチックの容器を出来るだけ使わず、使用したものはリサイクルすること等が勧められています。

　聖書の一番初めに収められている創世記の1章から2章には、「天と地の創造」について記されています。創造主である神は、6日間にわたって天と地にあるすべてのものを造り、7日目に休まれました。1章9〜13節には、第3日目の創造について記されており、地と海の創造について述べています。そして1章20〜23節は第5日目、海の中を泳ぐ魚や、大空を飛ぶ鳥

の創造について記しています。特に21節の「大きな海の怪獣」とは、冒頭で触れた、体長が約25メートルもあるシロナガスクジラも含まれていると言えるのではないでしょうか。神はあらゆる生き物をお造りになり、それらを見て良しとされたというのです。

　さらに第6日目、神が私たち人間を創造されたことについて、聖書は次のように記しています。「神は言われた。『我々のかたちに、我々の姿に人を造ろう。そして、海の魚、空の鳥、家畜、地のあらゆるもの、地を這うあらゆるものを治めさせよう』」(1章26節)。ここには、とても大切なことが記されています。それは、私たち人間が、神のかたちに、神の姿に似せて造られたということです。これはラテン語でImago Deiと言い、英語に訳すとImage of God となります。つまり、私たち人間は神のイメージ、神の似姿として造られた、あらゆる被造物の中でも特別な存在であるということです。神はご自分に似せて造ったその人間に、海の魚を始めとするあらゆる生き物を治めさせようと言われたのです。しかし「治める」という言葉を聞くと、皆さんはどのようなイメージを抱くでしょうか？　魚や鳥、生き物を人間の意のままに、好き勝手に扱って良いと誤解していないでしょうか？

　聖書が言っていること、それは、生きとし生けるものすべてをお造りになったのは神である、という宣言です。すべての生き物や世界、そして宇宙も、創造主である神のものであるということです。忘れてならないのは、私たち人間が、創造主である神の代理人に過ぎないということです。真の所有者である神から委託され、この世界や生きとし生けるものを

管理することを委ねられている存在に過ぎないということです。それゆえに、大切にお預かりして、最終的には真の所有者である神にお返ししなければならないのです。この真理を知ることにより、私たちはこの世界や生きとし生けるものを、本当の意味で大切に扱うことが出来るようになるのです。

　神さま、あなたがお造りくださったこの素晴らしい世界を、私たち人間が責任をもってお預かりし、大切に向き合うことができますように。あなたこそ真の所有者であることを決して忘れることがないよう、私たちを正し、導いてください。

陸の豊かさも守ろう

出エジプト記23章10〜11節
SDG 15　陸の豊かさも守ろう

六年間は地に種を蒔き、その産物を収穫しなさい。しかし七
年目には地を休ませ、そのままにしておきなさい。そうすれ
ば、あなたの民の貧しい者が食べ、その残りを野の獣が食べ
ることができる。ぶどう畑もオリーブ畑も、同じようにしな
ければならない。（出エジプト記23章10〜11節）

　今朝は、持続可能な未来を目指して設定されたテーマの一
つ「陸の豊かさも守ろう」について、聖書が何を語っている
かに耳を傾けてまいります。
　聖書は、実に、その1ページ目から「陸地の豊かさ」につ
いて語っています。神が天と地を造られて、陸地と海を分け
られ、陸地の上には豊かな地の産物を芽生えさせて、多様な
動物や植物が生きる場所とされたのだ、と。今、聖歌隊がさ
さげてくださった賛美は、まさに、その造られた世界の美し
さに魂ふるわせながら歌い上げたものでした。"For the Beauty
of the Earth"（英国の詩人フォリオット・サンドフォード・ピアポ
イントによって19世紀半ばに書かれた詩に、現代英国の作曲家ジ
ョン・ラターが作曲した美しい合唱曲）。天と地、太陽輝く昼も

月星またたく夜も、萌え出でる木々や花々の彩り、老いも若きも人が手を取り合って進む、神が造られ、神が与えられた世界、地に平和、天に喜びが響く、と。

「地の豊かさ」について語る聖書のページをさらに繰ってゆきますと、人間は、その麗しき陸地を「管理」する責任と役割を与えられた、とあります（創世記1章28節）。地を耕して作物を育てるだけでなく、その場所を「守る」「keep」「保つ」ものとされた、と。「管理」するのであって、断じて勝手気ままに好きなように「支配」するのではない、と。陸の豊かさ、そしてその陸上のあらゆる環境を適切に守り、保全する務めを人間は与えられた、はずでした。

今から半世紀以上前に世界に衝撃を与えたレイチェル・カーソンの『沈黙の春』や、それが日本でも他人事ではないことに警鐘を鳴らした有吉佐和子の『複合汚染』という作品がありました。環境に対して人間がしてきた致命的な行いの数々が、陸の豊かさをどれほど失わせてきたかに気づかせるものでした。産業革命によって、加速度的に化石燃料をエネルギーとして燃やし続けた結果、地球の温度は、例を見ない速さで、たった数百年の間に急上昇し、異常気象や砂漠化が深刻さを増していることを、毎年頻度を増してゆく災害のたびに思い知らされています。人が「管理」の責任を果たせないまま、快適な生活を求めて作り出した原子力発電も、放射性物質漏れによって人も動物も住めない廃墟を残してしまいました。便利さを追求して作り出し、土に還ることのない物質やプラスチックなどが環境汚染に拍車をかけていることも事実です。

今一度、今日読んだ聖書の言葉に耳を傾けましょう「(6年間は収穫し、7年目は)地を休ませ、そのままにしておきなさい」。これは、7年目はただ放っておくという意味ではないようです。そんなことをしたら逆に雑草が生い茂って土地は使い物にならなくなります。ここで言われているのは、その後の言葉にヒントがあります。地を休ませ、そのままにすることで、「貧しい者が食べ、その残りを野の獣が食べることができる」とあります。「地を休ませる」というのは、地に栄養を与えて本来の状態に戻すということです。ひたすら効率を求めて土地を酷使し枯渇させ、休みなく作物を育てて収穫した余剰分を売って自分だけの利益を追い求める生活を一旦リセットする。リセットするときに見えてくるでしょう、と。その地に生きるすべての人たちが、砂漠化する土地で飢えと貧しさに喘ぐ人が生きられたはずの社会が、滅びゆく野生の動物たちが共存できたはずの社会がどんなものであるかが。地を休ませ、地の豊かさを守ることが、「平和と公正をすべての人に」(SDG 16) もたらすことと固く結びついているのです。

　　天地を創り、私たちに地の豊かさを管理する責任
　と役割を与えてくださった神様、あなたが造られた
　地をふさわしく管理する知恵と勇気をお与えくださ
　い。そして地に生きる誰もが取り残されることのな
　い世界をあきらめることなく追い求める力を与えて
　ください。そしてあなたの世界の美しさを歌い続け
　させてください。

生きて、求め続ける

北川理恵（高等部宗教主任）

創世記6章13〜22節
SDG 14　海の豊かさを守ろう
SDG 15　陸の豊かさも守ろう

ノアはすべて神が命じられたとおりに行い、そのように実行
した。（創世記6章22節）

　1年生の情報科の授業でSDGsをテーマにした発表会が行わ
れ、私も見学させていただきました。食品ロスと飢餓の問題
を取り上げ、廃棄される食品を必要な人に届けようという提
案や、ポイ捨てされたごみが地球温暖化を促進する仕組みに
注目して、まずは目の前のごみを拾おうという提案などがな
されました。自分たちで何ができるかを考えて、提案内容を
理解してもらうために工夫している様子にはとても励まされ
ました。
　環境問題や貧困問題については、私が小学生だった頃か
ら、いや、もっと前から問題にされていて、私も自分なりに
考えてきました。どうしたら食べ物を粗末にしないですむか、
水や電気を無駄遣いしないですむか、ごみを少なくできるか、
日常の中で心がけるようになりました。けれど、前向きにと
いうよりは、不安の方が大きかったようにも思います。日々

の小さな心がけでは追いつかない状況に、いっそ人類が滅びた方が、私もこの世からいなくなった方が、地球にとって良いのではないかという思いさえ抱くようになりました。

　世界が滅ぶことがあり得る。その現実に向き合いつつ、滅ぼされてもおかしくない自分たちがどう生きるかを問い続けた人々がいます。それは聖書を記した人々です。先ほど読まれたノアの箱舟の物語は、世界は一度、神の裁きにあって滅んだと語っています。自分たちの悪が世界を滅ぼすことがあることを認識しながら、人間の役割は何なのかを見つめます。
　この物語で私が好きなのは、ノアがひたすら神さまの命令を実行していく様子です。ノアたち一家を滅びから救った箱舟は、突然天から降ってきたわけではありません。神様に命じられて、ノアが造っていきました。15節には箱舟のサイズが書いてありますが、3階建ての相当に巨大な建造物です。これを真剣に実現させるには、相当の年月と労力をかけて、コツコツと取り組まざるを得なかったでしょう。周りの人たちは、あきれた目で見ていたかもしれません。ノアだって、時にへこたれそうになったこともあったのではないでしょうか。周りにも冷やかされ、愚痴だってこぼしたかもしれません。それでもノアは箱舟を造り上げました。そして、神に命じられた通り、動物たちを連れていきます。世界を再生させるために。6章5節に「地上に人の悪がはびこり」とあるように、人間の悪のために世界は滅びへと向かい、動物たちは巻き添えを食らってしまいました。動物たちを巻き込んでしまった責任をノアが背負い、動物たちを新しい世界に残すとい

う仕事を実行します。そしてノアは、すべて神が命じられた
とおりにやり遂げました。

　ノアの箱舟の絵を描いてくださいと言われたら、皆さんは
どんな絵を描くでしょうか。たいていは画面に大きな箱舟を
描き、そこに乗っている動物たちを小さく描くのではないで
しょうか。ところが、シャガールという画家が書いたノアの
箱舟の絵はそうではありません。むしろノアが手前に大きく
描かれているのです。画面の手前にいるノアは、腕に動物を
抱きながら、画面の奥に映る滅んだ世界を真剣な表情で見つ
めています。シャガールのこの描き方には、人間の尊厳と責
任を問う姿勢が表れている、と言われています。
　世界はその後もなお人の悪に満ちています。それにもかか
わらず、私たちを見捨てず、滅んではならない、とおっしゃ
る神は、ついには独り子である主イエス・キリストを私たち
のところへ送り、十字架上で私たちの滅びを代わりに引き受
けた、と聖書は語ります。十字架によって罪を赦されたとい
うのは、もう何をしても大丈夫だということではなく、「い
っそ滅びてしまった方が良いのでは」という諦めや絶望にと
どまるな、という呼びかけではないかと思います。あなたた
ちは滅びてはいけない、あなたたちは生きて、道を探し、求
め続けなさい。そう呼びかけながら、私たちの問題を一緒に
背負って、一緒に苦しんで、一緒に歩いてくださる、それが、
聖書が示す神です。
　神はノアの働きを通して、新しい世界をもたらされました。
た。私たちにもまた、それぞれに与えられているものがあり

ます。得意なこと、苦手なこと、一生懸命やったこと、やむなくやらざるを得なかったこと、それらの一つ一つが、今だけでなく、未来の自分と周りの人たちのために、そして世界のために生かされていく。その視点を持ちながら目の前の課題に真摯に取り組んでいけるようにと願います。

　　天の父なる神様、今日もあなたが私たち一人一人に呼びかけてくださることに感謝いたします。あなたに命を与えられ、この地を生きる私たちが、自らの務めに誠実に向き合うことができますように。苦しみや痛みを負っている者にあなたの癒やしと導きをお与えくださいますように。

今日と明日をつなぐもの

八木隆之（大学宗教主任）

マタイによる福音書6章9～10節
SDG 14　海の豊かさを守ろう
SDG 15　陸の豊かさも守ろう

だから、こう祈りなさい。
「天におられる私たちの父よ
御名が聖とされますように。
御国が来ますように。」（マタイによる福音書6章9～10節）

ファストフードは日本社会ですっかり定着していますが、最近では、コンテンツがファスト化していると言われています。漫画のセリフなどを丸写しする「ネタバレサイト」や映画を10分程度にまとめた「ファスト映画」が人気となっているようです。

一体何が、この「ファスト化現象」の背景にあるのでしょうか。今の若い人はあらすじや結末を理解すれば十分と考える人が多く、作品を「鑑賞」するというよりも、話題についていくために「消費」しているのだそうです。これは、調理や会話という食事のプロセスが削られ、手っ取り早く胃袋を満たすことを最優先したファストフードとよく似ています。

しかしながら、皮肉なことに、大量消費文化の陰にはいつ

も失われている何かが存在します。大量の動画コンテンツを短時間に消費している社会で私たちが失いつつある大切なもの、それは想像力です。なんでもスマホで検索すれば手っ取り早くて短い動画が出てきますから、そもそも文字を読んだり、あれこれ考えを巡らせ想像したりする必要がなくなっているのです。しかし、想像力こそが、明日に向かって一歩を踏み出す原動力となるものだと私は思います。今日と明日をつなぐもの、それは想像力なのです。

　信仰の世界においても、想像力は祈りを生み出すものとして重要です。なぜなら、祈りとは、まだ見ぬ現実を思い描き、それを神に願う行為だからです。例えば、病の中にある人を祈る時、私たちはその人の置かれた状況やその人の心の状態を想像し、そして神に向かって「まだ見ぬ最善」を祈ります。

　今日お読みした聖書箇所には、主イエス・キリストが弟子たちに教えられた祈りが記されています。教会はこの祈りを「主の祈り」として大切に受け止めてきました。「主の祈り」を祈るとき、私たちは明日へと思いを馳せます。例えば、「御国を来たらせたまえ」という祈りの言葉があります。御国というのは、神のご支配が実現されている素晴らしい領域。未だに完全に到来していない、そのような神の国が来ますように、という祈りです。そして、さらにそれに続くのは、「御心の天になるごとく、地にもなさせたまえ」という祈りです。つまり、神の完全な思いが、天において実現しているように、この地上においても実現しますように、というものです。この御心は、争い、貧困や苦しみ、そして罪のない世界、とい

った人間社会のあり方ももちろんですが、私たちの住む地球環境をも含むものです。そのように祈る時、私たちは、汚染された海、伐採されてしまった森林、荒れ果てた土地といった悲惨な現実を超えて明日へと思いを馳せます。この世界が持つ本来の美しさを取り戻していく姿を心に思い浮かべるのです。

　もし、想像力を用いずに、ただ「御国を来たらせたまえ」という言葉を唱えるだけならば、一体何になるというのでしょうか。しかし、想像力を働かせて祈るならば、その祈りは私たちの行動を変えていくはずです。なぜなら、想像力は、私たちが都会生活で享受している便利さの背後にあるプロセスにも目を開くからです。私たちが普段口にしている野菜やお米を生産するために、どれだけの化学肥料や農薬が使われているのか。私たちの食肉となる家畜が、どのような環境で扱われ、どのような方法で命を絶たれ、私たちの食卓に上るのか。家畜を育てるための餌を生産するためにどれだけの森林が伐採されているのか、どれだけの人々の食料を奪っているのか。私たちが毎日使うスマホや私たちが着ている服は、どこの誰によってどういう労働条件のもとで作られているのか。あるいは、私たちの使う洗剤が環境にどのような負荷を与えているのか。私たちが使い捨てるプラスチックが、最終的にどこに行きつくのか……。すべてがファスト化したプロセスの見えない都会的な生活において、こうしたことはみんな私たちの目には見えません。見ないで済むようなシステムを、私たちは作り上げてきたからです。

私たちがSDGsとただ叫んでいるだけでは世界を変えていくことはできません。神から人間に与えられた賜物である想像力を用いることで初めて視線を遠くに投げかけ、見えぬものを見据え、神に喜ばれる選択をすることができるようになるのではないでしょうか。プロセスに目を留めることこそ想像力のなせる業であり、今日と明日をつないでいくことができるのです。

　　創造主なる神よ。私たちに今日と明日をつなぐものをお与えください。私たちがただ目の前にあるものだけではなく、その背後にあるもの、その先にあるものを想像する力を取り戻すことができるようにしてください。

Inclusive Hospitality

Paul Tsuchido Shew

Galatians 3:28

SDG #16 "Peace, Justice and Strong Institutions"

"There is no longer Jew or Greek, there is no longer slave or free, there is no longer male and female; for all of you are one in Christ Jesus." (Galatians 3:28)

When I look out at everyone participating in worship today, I don't see freshmen and sophomores, or men and women, or professors and students. Instead, I see children of God. That's how God looks at us too. However, we usually don't see each other that way. We tend to focus on our differences, which can be important, as long as they don't divide us. People have always tended to notice the differences in one another — be it the color of one's skin, their country of origin, their age, or their gender.

But when Jesus came and preached to the people, he had a radical message. Jesus taught that all people are created and loved by God, all are sinful, and all are forgiven by God. He emphasized that all people are equally valuable, particularly by welcoming the outcast and the poor. Jesus focused on those left out of society and the weak, welcoming them regardless of their age, health, social status, or nationality. His message was radical because he welcomed all people.

According to Jesus, it is the love of God that unites us. It is not anything special about each one of us, except that we are all created by God, loved by God, and forgiven by God. However, this message has always been difficult for people to understand. Even early Christians struggled with it, and there were divisions among them.

That's why the Apostle Paul wrote in Galatians, "There is no longer Jew or Greek, there is no longer slave or free, there is no longer male and female; for all of you are one in Christ Jesus." From our human perspective, we see differences, but when God looks at us, He sees us all the same. God loves all of us, regardless of where we were born, the color of our skin, our gender, or our socioeconomic status.

This week is Global Week, during which we are celebrating our international connections and remembering the importance of serving others with love across all societies for a more just, peaceful, and sustainable world. Today's message of inclusive hospitality is the foundation for the Sustainable Development Goals (SDGs).

It's because all people are God's children that we strive for no poverty, zero hunger, good health and well-being for everyone, quality education for all, gender equality, reduced inequalities, and peace, justice, and strong institutions.

Today's message especially focuses on SDG #16, Peace, Justice and Strong Institutions. To achieve peace and justice, we need to start by seeing each other as equals, created by God and in the image of God. If we can see the world through God's eyes and each other through God's eyes, we will be able to welcome everyone.

Lord God, we thank You for Your love. We thank You, Lord, that You love us. Help us to love others as You love them.

[日本語要旨]

インクルーシブ・ホスピタリティ

シュー土戸ポール（大学宗教主任）
ガラテヤの信徒への手紙3章28節
SDG 16　平和と公正をすべての人に

　私たちが人間として異なっていても、互いを神の子どもとして見ることは重要です。社会はしばしば年齢、性別、国籍、社会的地位などの違いに焦点を当てますが、イエスはすべての人が等しく尊重され、神に愛されていると教えました。彼の根本的なメッセージは、追いやられた者や弱者を包括し、受け入れることを呼びかけるものでした。

　イエスによれば、私たちを結びつけるのは個々の特別な資質ではなく、神の愛です。この概念は歴史的に人々にとって理解しにくいものであり、初期のキリスト教徒の間でも苦労しました。使徒パウロはガラテヤの信徒への手紙で、「ユダヤ人もギリシア人もありません。奴隷も自由人もありません。男と女もありません。あなたがたは皆、キリスト・イエ

スにあって一つだからです」と記しています。神の視点から
は、私たちはみな同じであり、神の愛は背景や身分に関係な
くすべての人に及びます。

　このメッセージは、国際的なつながりを祝い、社会全体で
奉仕と愛を促進するために捧げられたグローバルウィークの
理解につながっています。包括的なおもてなしのメッセージ
は、すべての持続可能な開発目標（SDGs）の基盤であり、特
にSDG 16の「平和と公正をすべての人に」に焦点を当ててい
ます。

　平和と正義を実現するためには、私たちは互いを平等に見
るべきであり、私たちはみな、神によって創造され、神の姿
を持っていることを認識する必要があります。神の視点を受
け入れ、誰もが歓迎されることによって、貧困、飢餓、不平
等、紛争のない世界を目指すことができます。すべての人に
向けられたイエスのメッセージを受け入れることで、神の愛
に導かれたより良い世界を築くためにみなが協力できるので
す。

友だちになっていける

森島　豊（大学宗教主任）

フィリピの信徒への手紙2章1〜11節
SDG 16　平和と公正をすべての人に

めいめい、自分のことだけではなく、他人のことにも注意を
払いなさい。互いにこのことを心がけなさい。それはキリス
ト・イエスにも見られるものです。
（フィリピの信徒への手紙2章4〜5節）

　客観的に見ていると、早く仲直りすればいいのに、と思
うけれども、当事者同士ではそう簡単にうまくいかない複雑
な関係があります。それはプライベートな関係でも起これば、
国家間の関係においても起こります。今、終わりの見えない
ウクライナの戦争はまさにその状態でしょう。毎日流れてく
るニュースを耳にして、一体どうすればあの戦争を止めるこ
とができるのだろうかと思います。否むしろ、人間には止め
ることができないのではないかと思わされてしまいます。
　そんな戦争が起きている今年（2022年）の5月に『戦争をや
めた人たち』という絵本が出版されました。第一次世界大戦
の実話に基づいて作られた絵本です。舞台は戦場です。イギ
リスの兵士とドイツの兵士が最前線でにらみ合っていました。
数十メートル先に敵の塹壕があり、お互いに地面からにらみ

合う状況が続いていました。季節は冬です。かなり厳しい状態で、その日も終えようとしていました。その日の夜、ドイツの塹壕から歌が聞こえてきたのです。ドイツ語ですからイギリス人は何を言っているのか分かりません。でも、メロディーはわかります。それはクリスマスの賛美歌「きよしこのよる」でした。

歌を聞いてイギリス人はその日がクリスマス・イヴと気づきます。イギリス側も若い兵士たちが英語で歌おうと、「きよしこのよる」を歌いました。するとドイツ側から拍手が聞こえてきました。続けて、ドイツ側から「もろびとこぞりて」が聞こえてきます。今度はイギリス側も拍手と歓声を上げ、お返しに英語で「もろびとこぞりて」を賛美しました。そして交互にクリスマスの賛美歌が夜空に響き続けました。銃声ではなく、賛美歌を返していったのです。

次の日、ドイツの塹壕から手を上げているのが見えました。明らかにいつもと様子が違っていました。若いドイツ兵が一人丸腰で両手を上げて、こっちへこいと合図をしていました。イギリス側の若い兵士も一人、丸腰で手を上げて近づいていきました。相手の顔がよく見えるところまで近づくと、澄んだ綺麗な青い目の若者であることがわかりました。そして二人は手を伸ばして「メリー・クリスマス」と握手をしました。

お互いに皆、塹壕から出てきて、口々に「メリー・クリスマス」と呼びかけました。罵声や憎しみではなく、喜びのあいさつを伝えあいました。クリスマスの歌を一緒に歌い、食べ物やお酒を分け合いました。言葉は通じないのだけど、気

持ちが通じました。お互いの家族の写真を見せ合い、鉄兜（てつかぶと）を交換する人も出てきました。若い兵士は着ていた上着を丸めてボールを作り、サッカーを始めました。みんな子どものように走り回り、戦争であることを忘れて、夕方まで無邪気に遊びました。それぞれの塹壕に帰るとき、お互いに握手をして戻りました。ここで一緒にクリスマスを祝った人たちは、銃で相手を撃つことをせず、空に向かって撃ったと言われています。一緒に笑い、遊び、食事をし、友だちになったからです。1914年の12月25日、この日に戦争をやめて、一緒にサッカーをする友だちになったという実話です。

　争いをやめたきっかけは、一緒に歌を歌ったことでした。友だちになったきっかけは一緒の歌を歌えたことにありました。

　今日、一緒に読んだ聖書の言葉も、この時代の賛美歌であると言われています。この手紙を書いたパウロは、書きながら歌ったのです。当時、教会の中で争いがあったのです。その時パウロは一緒に歌おうと言ったのです。難しい説明をしないで、みんなが知っている賛美歌を歌ったのです。歌えばわかる。私たちは敵じゃない。友だちになれる。キリストが私たちの友となってくださったように、私たちも友だちになれる。

　キリストは降（くだ）ってこられた。最も低いところに降ってこられた。私たちを救うために十字架まで降ってこられた。その愛に支えられて、自分たちも相手を理解することができる。

　相手が理解できる。Understandという言葉は下に立つという言葉です。相手の下に立ったとき、相手を理解できるとい

うことでしょう。あの兵士たちは銃を相手に向けるのをやめたと証言しています。相手に家族がいることを理解したからです。あの人にも、大事な人がいる。待っている人がいる。そのことがわかったからです。国を大きくするよりも、大切な存在があることがわかったのです。みんなで下に立ったのです。キリストが立っているところに立ったのです。

聖書は語ります。あなたにも相手のことがわかる。分からなくなったら、一緒に歌おう。そこから友だちの輪を広げていこう。誰でも友だちになれるのです。

　　　父なる神様、私たちの固くなった心をあなたの愛
　　で溶かしてください。不安や恐怖ではなく、愛と信
　　頼を築いていけますように、十字架のキリストを忘
　　れないものとしてください。

「われら」を意識する
——他者に心を向けることから

小澤淳一（初等部宗教主任）

ルカによる福音書10章25〜37節
SDG 17　パートナーシップで目標を達成しよう

ところが、旅をしていたあるサマリア人は、その場所に来る
と、その人を見て気の毒に思い、近寄って傷にオリーブ油と
ぶどう酒を注ぎ、包帯をして、自分の家畜に乗せ、宿屋に連
れて行って介抱した。（ルカによる福音書10章33〜34節）

　青山学院初等部では、礼拝の中で「主の祈り」をともに祈
ります。入学当初はたどたどしい言葉であったとしても、毎
日毎日、祈りを繰り返していると「主の祈りを祈りましょう」
と聞けば、祈りの言葉が出てくるようになります。
　「主の祈り」の言葉は、子どもたちにとって難しいところ
があります。特に「われら」と祈るとき、これは誰のことを
指しているのでしょう。具体的に誰を意識して私たちはお祈
りをしているでしょうか。そのことを意識化するために宗教
(聖書科)の授業で「貿易ゲーム」というゲームをすることが
あります。このゲームは、イギリスのクリスチャン・エイド
というNGOが作成した自由貿易を疑似体験するゲームです。
参加者をいくつかのグループ（国）に分けて、各グループに

は封筒が渡されます。その中には紙（＝資源）やハサミ、定規、鉛筆などの道具（＝技術）、クリップ（＝通貨）が入っています。ただし、グループによって中身が違うのです。道具が豊かに入っているグループもあれば、紙だけが大量に入っているグループ、道具も紙もほとんどないグループなど、さまざまです。そうした不公平な状態から、ハサミを使って紙で決められたサイズの長方形、正三角形、円を作り、マーケットで売り、より多く儲けたグループが勝ちというゲームです。ハサミを使って製品を作るというルールさえ守れば、他のグループとの交渉や協力、道具や資源の売買もよいのです。ゲームの結果は最初に豊かな条件を手にしたグループが一番儲かる結果になることがほとんどです。

　ゲームの後には「振り返り」の時間を持ちます。各グループの人たちは渡された封筒の中身が違うことを知りません。中身を机の上に出してみて、当たり前のように不自由なく作業を始めるグループと、中身が少なくて呆然とするグループがあるのです。周りを見ると、全く違うものを持っているグループがあることに気づきます。

　そこでいろいろな感情が湧いて来るのです。「何にもできない」「絶望を感じた」「何もしたくなくなった」などいろいろな感想が出てきます。ある児童は、「同じ人間で平等なはずなのに、わたしたちは不利でいかりがわき上がってきました。このゲームは、今世界で起こっている事を知るためのものでした。わたしは、自分が不利になって世の中を見わたすことができ、世の中には、今ひどい事が起きていると気づきました」と書いています。

ルカによる福音書10章25節以下には「善いサマリア人」の
たとえ話があります。これは、主イエスを試そうとした律法
の専門家が、自分を正当化しようとして「私の隣人とは誰で
すか」と問うたことがきっかけで主イエスがお話をされたも
のです。追い剝ぎに襲われて瀕死の状態になっている旅人を
祭司やレビ人が見て見ぬふりをして通り過ぎてしまったあと
に、サマリア人がやってくるのです。

　そのサマリア人は、「その場所に来ると、その人を見て気
の毒に思い」と書かれています。「気の毒」という言葉は、ギ
リシア語では「はらわたが痛くなる」という意味の言葉です。
つまり、目の前のけが人の痛みが、正に自分の身に起こった
かのように感じるという意味です。そのように感じたサマリ
ア人は「近寄って」「傷にオリーブ油とぶどう酒を注ぎ」、「包
帯をして」「自分の家畜に乗せ」「宿屋に連れて行って介抱し
た」（ルカによる福音書10章33〜34節）というのです。サマリア
人はその人のことをよく知るために「近寄って」傷を見て適
切な処置をしました。そしてそばに寄り添ったのです。

　サマリア人が追い剝ぎに襲われた旅人の身に起こったこ
とを自分の身に起こったことだと感じたとき、「他人事」が
「自分事」となって行動を起こしました。同じように、自分に
とって世界で起きていることを「かれら」の話ではなく、「わ
れら」の出来事として考えることが大切です。それは、他者
に心を向けることからすべてが始まるのです。

神様、サマリア人のように他者に心を向けて、世界中の出来事、自分のことのように感じることができる心を私たちに与えてください。お互いの理解を深めることで神様の平和をこの地上で実現することができますように。

愛がなければ、やかましいシンバル

山元克之（高等部聖書科教諭）

コリントの信徒への手紙一13章1～7節
SDG すべて！

たとえ、人々の異言、天使たちの異言を語ろうとも、愛がな
ければ、私は騒がしいどら、やかましいシンバル。
（コリントの信徒への手紙一13章1節）

　星新一という人の書いたショートショートに「おーいでて
こーい」という作品があります。

　台風が過ぎ去った翌日、ある村にとても深く大きな穴が見
つかりました。穴の底は暗くて見えず、「おーい、でてこー
い」と叫んでみたり、村人が石を投げ入れてみたりしました
が、何の反応もありません。そこで、「なんでも捨てることの
できる穴」としてごみ捨て場にすることにしました。家庭か
ら出た大量のごみ、企業の機密書類、身元の分からない死体、
産業廃棄物や放射性廃棄物など。とにかく人間が作ったあら
ゆるごみを捨てていきました。それでも穴の底はまだ見えま
せん。地球上にはごみが無くなりどんどんきれいになってい
きました。

　ある日、建築中の高層ビルで作業員が一休みしています。
彼はふと上空から「おーい、でてこーい」という声を聞きま

したが、上空にはなにもありません。気のせいかなと思った彼の足元に小さな石が落ちてきました。しかし、彼はそれに気がつきませんでした。

この作品が書かれた65年後を生きている、私たちの頭の上からはまさに過去が穴の中に捨てた「人権、経済・社会、地球環境、さまざまな分野にまたがった課題」が降ってきています。SDGsに取り組むということは、今を生きている私たちが、まだ見ぬ未来の人たちへの責任を果たすことであると言えます。

一方で、猫も杓子も「SDGs」という風潮に違和感を覚えることがあります。斎藤幸平さんという東京大学の准教授の方がご自身の本で「SDGsは大衆のアヘン」と語り、「SDGs」は目下の問題より目を背けるための「アリバイ作り」であり、現在の危機から目をそらす「免罪符」であると警告していことにも耳を傾けるべきだと思います（斎藤幸平『人新世の「資本論」』集英社新書、2020）。

聖書には無自覚にまた無批判に行動した人の物語がたくさんあります。例えば、イエスが裁判にかけられていた時、群衆は皆イエスを「十字架につけろ」と叫んだと聖書には記されていますが（マタイによる福音書27章22節ほか）、どれだけの人が本気でイエスを十字架につけるべきだと思っていたのだろうかと考えさせられます。姦淫の罪でとらえた女を取り囲んだ人々は彼女を罵りましたが、その群衆のどれだけが自覚的に関わり、真剣にこの女性の罪を、また更生を考えていたかと思わされます（ヨハネによる福音書8章1〜11節）。大衆となった人たちは誰も悪いことをしたなんて思っていない。む

しろ正義とさえ思っていた。でもその正義が時に本質から目をそらしてしまうことがあることを、聖書は何度も語っているのです。

　今朝の御言葉は、愛がなければ、どのような立派なことを語っていても「騒がしいどら」であり「やかましいシンバル」であると語っています（1節）。どれほど高い理想を掲げたとしても、いやたとえ全財産を人に施し、自分の身を犠牲にしたとしても、愛がなければ、それはむなしいものであるとパウロは言います（2〜3節）。近い将来を生きる人の頭の上から「SDGs」というやかましいシンバルの音だけが落ちてこないとは言えないという危機感を私は抱いています。

　今週、3人の生徒がそれぞれの言葉で、それぞれの感じたことや実際に体験したこと、また具体的な活動を礼拝でお話ししてくれました。その話から醸し出されていた意志こそが、聖書の語る愛であると言えます。「愛の反対は無関心」と語った人がいます。その言葉を借りるなら愛するとは関心を持ち、具体的に関わり続けるということです。

　この様に言えると思います。「SDGs」というシンバルの音に、私たちはどのように愛をもって関われるのだろうかということです。

　コリントという町は、さまざまな人種の人が暮らし、貿易と観光の町として栄えていたようです。おそらく刺激のある楽しい町だったと思います。お金もたくさん流通していたので自然と人が集まってくる町でした。「コリンティアゼスタイ」という言葉は直訳すると「コリント人のように振舞う」という意味ですが、当時は「不品行」を意味する言葉として

使われたようです。コリントの町は富裕層と貧困層の差が大きく、貧困層の犠牲の上に富裕層の生活が成り立っていました。犯罪も多かったと思われます。「コリントの女」という言葉があったようです。「娼婦」を指す言葉だったそうです。社会のしわ寄せは弱い立場の人のところに行きます。貧しい女性は娼婦として身を売って生活をしなくてはならず、お金を持った男が夜のとばりの中に消えていき、貧しい女性を買う。私たちが住んでいるこの町、この社会にも「コリンティアゼスタイ」があり、「コリントの女」として生きざるを得ない人たちがいます。私たちの住むところと同じ状況がコリントの町にはありました。

　そういう町に建てられていたコリントの教会に、いや、コリントの町と同じ状況に住んでいる私たちに「愛がなければ、やかましいシンバル」だとパウロは言うのです。

　「SDGs」というけたたましい音のシンバルではなく「愛」の香りが未来を生きる人の上から降り注ぐことを祈りつつ、今日、この町で生きるようにと聖書は私たちに語りかけているのです。

　　　主なる神様。SDGsという言葉に惑わされるのではなく、主イエスの示してくださった愛の行動を身近なところから始める勇気を私たちに与えてください。

あとがき

　「誰一人取り残さない」というSDGsの標語を耳にして、聖書の使信との近さを感じられた方は多かったのではないでしょうか。現代の消費社会は、すべての価値を人間の欲望が渦巻く市場のものさしによってはかりながら、私たちにささやきます。「個人にはあらゆる選択の自由と可能性とが開かれている」と。聖書はこう教えます。私たちは代々、「公正を行い、慈しみを愛」するよう招かれている、そして人間のありようを深く憂いて関与される神と共に「へりくだって」歩むように招かれている民なのだ、と（ミカ書6章8節）。

　SDGsへの取り組みは、国際社会の意識が変化したという文脈のなかに位置づけられます。国際社会が直面する大きな課題に、環境問題や企業活動のグローバル化があります。特定の地域に限定されていた公害とは異なり、地球規模の環境問題は、個人・企業・国家それぞれが単独の力では対処しきれない複雑な空間的・時間的広がりを持つに至っています。一方、安価な労働力を求める多国籍企業の誘致を競って途上国政府が規制を緩和した（「底辺への競争」）結果、途上国においては深刻な人権侵害を誘発するような労働環境や社会的腐

敗が多く引き起こされました。このような状況に対して、コフィー・アナン国連事務総長（当時）によるダボス会議演説（1999年）とそれを受けた国連グローバル・コンパクト（2000年発足）は、企業活動の規制を主眼とした20世紀の対応を転換しました。つまり、企業を規制の対象としてではなく、むしろ政府や諸機関・団体と並ぶ問題解決の主体と捉え、利潤だけでなく、より普遍的価値に根ざす企業活動の自発的な発展を期待し促す方向へと舵を切りました（山田高敬・大矢根聡編『グローバル社会の国際関係論 新版』有斐閣、2011、特に「第4章 国際経済関係」「第6章 人権」参照）。この流れのなかで、国連MDGs（ミレニアム開発目標、2000年）とその後継のSDGsへの努力は、環境・人権などのグローバルな課題に対する21世紀の新しいアプローチの枠組みにおいて推進されてきました。SDGsがターゲットとするような課題（ESG［環境・社会・企業統治］）に取り組む企業へと投資を誘導することで課題解決を推進する仕組みも、世界的なネットワークの中で拡大してきています（「社会的責任投資」）。しかしながら、実際にSDGsへの参加を掲げる企業に働く人々からは、「企業イメージのために売名的に取り組んでいるだけ」「表面を取り繕うだけで実質的な内容が伴われていない」といった声も聞こえてきます。

　人間の社会は、目的のために「システム」を構築します。それは必要なことであり、貴重な努力です。しかし、「ビジョン」によって導かれ基礎づけられなければ、「システム」はどこに向かっているか分からない、空疎なものとなるのでしょう。本書第Ⅰ部「聖書で読みとくSDGs」に記されているよう

に、「聖書のメッセージは常に人々にビジョンを提供してき」ました（9ページ）。そして、聖書のビジョンは、人々のあいだに「まだ見ぬ現実を思い描き、それを神に願う行為」、つまり「祈り」を生んできました。「祈り」は「想像力」とつながっています。「想像力」とは、目の前の現実の「その背後にあるもの、その先にあるもの」（104ページ）を思いめぐらす力であり、私たちが目の前に与えられたものから出発して、それとつながる時間的・空間的に離れたところにいる人々や自然・動植物に心を寄せる力となって、「まだ見ぬ最善」を神に祈る祈りを生み出します（102ページ）。そしてまた、どんなに素晴らしい目標も、完璧なシステムも、「愛がなければ、やかましいシンバル」です。聖書のビジョンは、なによりも神の愛を指し示しているのであり、この愛があるからこそ、私たちは「『愛』の香りが未来を生きる人の上から降り注ぐことを祈」ります（120ページ）。そして、今日を生きる人、今日を生きることが難しいと感じている人——戦争、紛争、貧困などのほか、心と体を重く縛るものによって——にも、神の愛を祈るのです。

　本書第Ⅱ部に収録されたメッセージはすべてが、青山学院において、生徒や学生を前にした礼拝において実際に語られたり、子どもたち、若い人々の様子を目の当たりにしながら紡ぎだされたものです。聖書のさまざまなテキストそれぞれが指し示すビジョンを見定めながら、聖書のビジョンとSDGsの目指すものとの交わるところを捉えようとした試みです。メッセージはおおむね、関係するSDGsの番号順に並べ

られています。第Ⅰ部の各SDGの解説とあわせてお読みいた
だければ幸いです。青山学院の礼拝での取り組みを記した本
書が、読者のみなさまが聖書のビジョンによって導かれなが
らSDGsの意義を再発見されるきっかけとなりますことを祈
り願います。

青山学院大学宗教主任　島田由紀

執筆者

浅原 一泰　中等部宗教主任、教諭

伊藤 悟　学院宗教部長、大学宗教主任、教育人間科学部教授

大宮 謙　大学宗教部長、社会情報学部教授

小澤 淳一　初等部宗教主任、教諭

北川 理恵　高等部宗教主任

左近 豊　大学宗教主任、国際政治経済学部教授

塩谷 直也　大学宗教主任、法学部教授

島田 由紀　大学宗教主任、国際マネジメント研究科准教授

シュー土戸 ポール　青山学院副院長、大学宗教主任、学院宣教
　　　　師、文学部教授

髙砂 民宣　大学宗教主任、経営学部教授

福嶋 裕子　大学宗教主任、理工学部教授

藤原 淳賀　大学宗教主任、地球社会共生学部教授

森島 豊　大学宗教主任、総合文化政策学部教授

八木 隆之　大学宗教主任、経済学部准教授

山元 克之　高等部聖書科教諭

吉岡 康子　大学宗教主任、コミュニティ人間科学部准教授

リーディー デビッド　学院宣教師、理工学部教授

今日と明日をつなぐもの　SDGs と聖書のメッセージ

2023 年 6 月 23 日　初版発行　　© 青山学院宗教センター　2023

編　著　青山学院宗教主任会
発　行　日本キリスト教団出版局
169-0051　東京都新宿区西早稲田 2 丁目 3 の 18
電話・営業 03 (3204) 0422、編集 03 (3204) 0424
https://bp-uccj.jp

印刷・製本　ディグ

ISBN 978–4–8184–1135–7　C0016　日キ販　Printed in Japan

青山学院大学の営みを支える、祈りのアンソロジー

大学の祈り　見えないものに目を注ぎ

青山学院大学では入学式・卒業式から学長選挙、箱根駅伝祝勝会にいたるまで多くの学内行事で祈りがささげられている。それらの祈りと共に、食事の前、就活の途上、あるいはパソコンの調子が悪い時などにささげられた祈りを多数収録。祈りについてのユニークな入門書。

四六判 並製・128 頁・定価 1320 円